Dra. Zulmarie Rivera

MUJER
el lazo que nos une

MUJER
el lazo que nos une

NOTA ACLARATORIA

Este libro es una obra de autoayuda, por lo que bajo ninguna circunstancia sustituye la visita al profesional de la salud mental ni los procesos de evaluación, diagnóstico y tratamiento psicológico. De necesitar ayuda, por favor, contacte de inmediato a su proveedor de salud.

Primera edición: septiembre 2021.
Copyright © 2021 Dra. Zulmarie Rivera
Todos los derechos reservados.

Coordinadora Editorial: Dra. Zulmarie Rivera
Editora de Contenido: Profa. Francisca Moyet Félix
Poemas: Profa. Ivelisse del Carmen Vega González
Portada: LMi Design Studio

Queda prohibida la reproducción parcial o total de esta obra sin la autorización escrita del titular del copyright y en conformidad con las leyes, así como su transmisión de cualquier forma o por cualquier medio; ya sea electrónico o mecánico, incluyendo fotocopia, grabación o por cualquier sistema de almacenamiento y recuperación.

ISBN-13: 978-0-578-87132-5

Este **DIARIO** de
emprendimiento personal
le pertenece a:

Mt. 22:39

Emprendamos…

A las **MUJERES** *de todos los tiempos.*

para alcanzar el crecimiento humano óptimo…

CONTENIDO

El contenido de este libro pretende ofrecerte una vivencia de emprendimiento personal por medio del acercamiento, la práctica y la internalización de una serie selecta de herramientas psicológicas con la finalidad de ayudarte a alcanzar tu crecimiento humano óptimo desde una experiencia ajena.

Algo quiero contarte	p. xiii
Reflexión de *El lazo que nos une*	p. xvii
1 Identidad personal	p. 23
2 Liberación emocional	p. 57
3 Amor propio	p. 91
4 Resiliencia	p. 121
5 Propósito de vida	p. 155
6 Aprendizaje	p. 187
7 Empoderamiento	p. 221
8 Autoconfianza	p. 259
9 Gratitud	p. 299
Manifiesto psicológico	p. 331
Agradecimientos	p. 333
Conoce a la autora	p. 334

y juntas forjar...

SER MUJER...
en verso

...

Ser mujer...
Es saber que mi cabello no es de seda,
que mis manos no son tersas,
que mis labios no son de fresas.

Ser mujer...
Es levantarme con firmeza,
aunque sienta que el cuerpo pesa.
Es luchar con tenacidad
ante cualquier adversidad.

Ser mujer...
Es llenarme de coraje
para poder alcanzar todo aquello
que, por idea salvaje piense,
que es de hombres nada más.

Ser mujer...
No es querer ser como ellos.
No es querer dominarlos.
No es querer igualarlos.
Simple y sencillamente...
...ser mujer es serlo.

una mejor experiencia de vida femenina.

ALGO QUIERO CONTARTE
acerca de este libro

...

Estimada lectora:

Quiero contarte que la obra que en estos momentos tienes en tus manos surgió de una inquietud personal para invitarte a alcanzar tu crecimiento humano óptimo con base en el emprendimiento personal.

Ocurre que desde mi infancia he podido coincidir en distintos escenarios con un sinnúmero de mujeres del tipo supuestamente «ordinario», que no son capaces de darse cuenta de que nacieron con la posibilidad de alcanzar un propósito mayor.

Sin embargo, no fue hasta ahora, hasta mi etapa adulta en medio de la cual he podido mirar atrás para descubrir lo que deseo en la vida, que me he sentido inquietada por cuestionarme seriamente: «¿Cómo es que mujeres extraordinarias —no ordinarias, la realidad es que no existe mujer de este tipo— no son capaces de alcanzar su crecimiento humano óptimo?».

Luego de un análisis profundo encontré la respuesta a tal interrogante en el segundo mandamiento:

«Amarás a tu prójimo
COMO **A TI MISMO**».
(Mateo, 22:39)

Precisamente, el resultado de este ejercicio fue el que me motivó a sacudir sus mentes por medio de esta obra; que más que una obra es un proyecto que tengo la certeza que impactará de manera significativa la vida de toda mujer que participe de él. Confío en que tarde o temprano se convierta en un gran movimiento femenino, así como en un legado para esta y futuras generaciones.

Esta, la primera edición de *Mujer: El lazo que nos une*, está estructurada en nueve (9) capítulos. Cada uno de los cuales nos presenta un relato inspirado en sucesos de la vida real por medio de una mujer llamada «Misma», con la que te aseguro que todas nos vamos a poder identificar para alcanzar con éxito el crecimiento humano óptimo desde una experiencia ajena; ya que, como ella, todas contamos con una serie de herramientas psicológicas que nos capacitan para lograrlo según lo propuesto: *identidad personal, liberación emocional, amor propio, resiliencia, propósito de vida, aprendizaje, empoderamiento, autoconfianza y gratitud*.

Estos nueve (9) capítulos están acompañados de versos breves, reflexiones, ejercicios prácticos y preguntas algo confrontativas; contenido que te exhorto a que acojas con el compromiso que provoca resultados significativos y que invita a disfrutar la experiencia de un proceso de transformación como este: visto como un camino continuo y no como un fin.

Me tiento a confesarte que no fue fácil obtener el resultado final de este proyecto —al que yo me animé a llamarle «diario de emprendimiento personal», porque pienso que realmente esto es lo que es—, debido a que siempre tuve presente la responsabilidad que representa el compartir con otros un mensaje de alta influencia. Dicha circunstancia, entre un sinnúmero de responsabilidades que no estaban en agenda, me llevaron a posponerlo por más de cinco años; pero los planes y el tiempo de Dios son perfectos.

En medio del caos del año pandémico tuve una conversación íntima con mi sobrina de doce años de edad sobre la dirección de mis proyectos. La misma finalizó con el siguiente argumento de su parte: «Tití tienes que terminar el libro, porque alguien lo puede estar necesitando en este momento».

Ella, a su corta edad, validó el mérito de este proyecto haciéndome entender que no podía privar a las mujeres de lo que sea que el mismo les pueda ofrecer.

Desde entonces no dejé de trabajar en él con la esperanza de que este me permita recordarte el segundo gran mandamiento para juntas forjar una mejor experiencia de vida femenina. A fin de cuentas estoy convencida de que no puedo hacer menos, dado a que como tú soy mujer; y este, querida amiga, es el lazo que nos une.

Dra. Zulmarie Rivera

¡Yo invito!

REFLEXIÓN DE EL LAZO
que nos une

...

Mujer, el lazo que nos une. Una obra que inspira, que está trabajada con el propósito de inquietar a cada mujer que la lea. Por supuesto, no es para que se quede con la inquietud, sino para que reflexione, se autoevalúe, se valore y logre amarse como el ser creado por quien nos enseñó a amar, Dios nuestro Señor. De la misma manera, siga el versículo «Ama a tu prójimo como a ti mismo» (Mateo, 22:39), como nos indica la autora. En este camino, se prepare para emprender y alcanzar su crecimiento humano óptimo.

Un día de esos de los que dedico a reflexionar leí y guardé este pensamiento del cual no tengo identificado al autor y que lo relaciono con la obra que acabo de leer: «La vida nos golpea, nos hiere, nos empuja, nos tumba, pero también nos enseña, nos corrige y nos premia. Vivir es eso… caer y levantarse siempre». Si te preparas para algún día levantarte, a pesar de los tropiezos, lo logras.

Estos relatos, narrados y divididos en nueve (9) capítulos, entrelazados por una historia, pero con argumentos independientes que, no tienes que leer en secuencia, te capturan. Te instalan en un estatus de lector por placer, en contraposición con el reflexivo.

Te deleitas a través de la lectura continua, sin interrupciones, o te detienes, reflexionas en cada momento (cualquier parte del capítulo te da la opción), para que al final encuentres un propósito. Creo que ese es *El lazo que nos une*.

Siempre me ha gustado la lectura, le busco el significado a las palabras, a los signos de puntuación; puedo identificar el sentido literal y el sentido real de lo que leo. Lo que más llena mi intelecto es cuando la palabra abarca mi corazón. Por esta razón, como la enseñanza que recibimos en el último capítulo, soy agradecida.

Agradezco y admiro a la mujer autora de esta obra, Zulmarie Rivera. Joven, emprendedora, madura, inteligente, valiosa: puede ser mi hija. Me siento privilegiada al participar de esta su obra. He madurado, he crecido; tengo un reto ante mí del que tengo que empoderarme. No me detengo. «Soy como el libro: vuelvo la hoja y continúo añadiendo capítulos a mi vida».

Profa. Francisca Moyet Félix

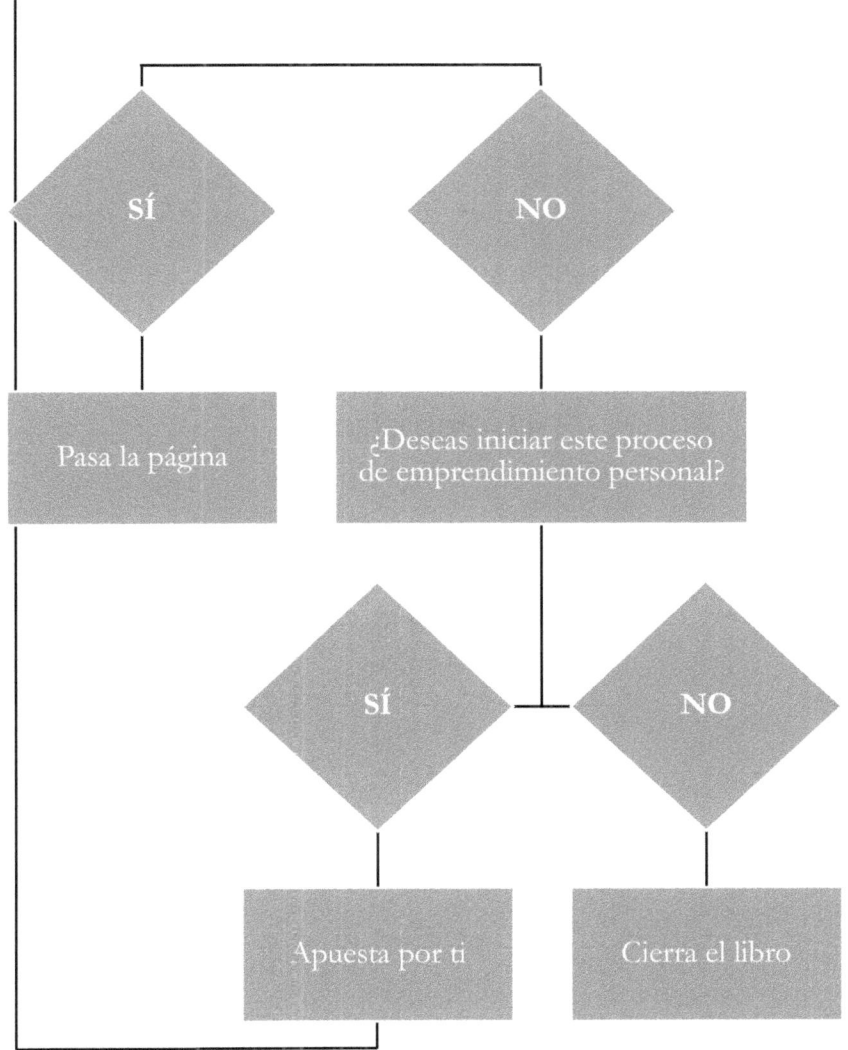

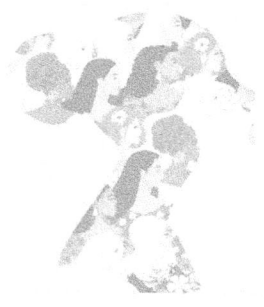

«¡Compartan!».

. . .

Jamirelys Nieves Morales
Niña en edad preescolar.
—4 años—

➚Haz un playlist de canciones que suenen a ti.

. . .

IDENTIDAD PERSONAL
en verso

...

No me trates de componer,
pues vengo descompuesta
desde el vientre de mi madre.

Desde el anuncio de mi llegada
al mundo de machos y para machos,
desde la primera palabra escuchada,
comencé a romperme en pedazos.

1

IDENTIDAD PERSONAL

Soy la suma de múltiples factores,
pero el control sobre lo que me define
lo tengo yo.

. . .

L amento iniciar, lo que sea que te parezca esto, revelándote lo que a mi entender es la cruda verdad femenina: «En el mundo hay tantas almas rotas como labios pintados». ¡Qué no te parece!

Si no es mucho pedir, analiza lo que te acabo de plantear como un hecho. Ahora fíjate en tu historia de vida, o, solo en caso de que no te sientas animada a tener tan pronto una confrontación contigo misma, fíjate entonces en la historia de vida de las mujeres que te rodean; al fin y al cabo, es más fácil mirar para el lado. Es más, vamos a hacer algo: despersonalicemos el asunto, y mejor fíjate en la mía; ya que, a decir verdad, no creo que sea muy distinta ni a la tuya ni a las de ellas.

Como tú, soy un ser humano. Es por esto que no es de extrañar que tenga una buena cabeza para pensar; digo, en ocasiones, porque está claro que en otras llegué a pensar con el corazón y por consecuencia con las patas[1]. También tengo un rostro para reconocerme y algo llamado cuello que me obliga a permanecer erguida como espiga. Un torso que aguanta el peso de los senos también tengo; y una vagina, fuente de dolor o placer, todo depende hacia el lado que mueva las caderas que me gasto. Además, tengo unos muslos que conectan con las piernas y estas con los pies para mantenerme de pie; claro está.

En adición, soy agraciada de contar con unos órganos vitales que, entre una cosa y otra, hacen lo que pueden; y con sentidos que le dan, valga la redundancia, sentido al sin sentir. Pero no solo cuento con semejante aparato complejo. No no no no…

También cuento con otras características definidas por la genética y temo que la mayoría de ellas por la sociedad, como si se lo hubiera pedido. Tal fue el caso del ginecólogo cuando me vio la crica[2] mientras le realizaba el ultrasonido a mi madre para descubrir el sexo biológico de esta que está aquí: «El sexo débil se acerca... ¡Prepárense, por ahí viene la chancleta[3]!». Por supuesto que después de verle los huevos al perro cualquiera dice que es macho[4]. ¡Bah!

El comentario del profesional de la salud, para nada sexista[5], estuvo tan fuera de lugar que sin darme cuenta me dio pena conmigo misma; al punto que me resigné a la vida que me tocaría vivir a partir de entonces por no cargar con un pajarito[6] revoloteándome de la felicidad entre las piernas.

Qué decir de los pobres de mis padres a los que la noticia les cayó como bomba[7], ya que todos a su alrededor apostaban a que yo iba a ser varón. Incluso ellos, que se dejaron llevar por la emoción del momento y apostaron a la misma estupidez. Lo lindo es que cayeron en esa después de haberse sometido a una sarta de comentarios y dizque recomendaciones para hacerles la lucha a la agridulce experiencia de la maternidad y la paternidad durante el embarazo.

«¡Ahora es que de verdad viene lo bueno!», comentarios como este salían a la luz cuando algunos veían a mi madre en estado de gestación. Cómo me enfurecía el que ella se quedara medio pasmada cuando los escuchaba. Era tan educada que no sabía cómo mandar a la gente para buen sitio por la especie de tonito burlón con el que los hacían. Ganas me daban a mí de escaparme de su barriga para salir en su defensa y, como toda pequeña empoderada, decirles a unos cuantos unas cuantas cosas por eso.

Gracias al Señor que para aqueeellos tiempos no existía la excusa moderna para gastar lo que en realidad no se tiene, me refiero al hasta hace poco impensable *Gender Reveal*[8], porque no estoy segura de haber podido aguantar el empuje orquestado por el reguero de idiotas con tal de hartarse de cervezas y sandwichitos de mezcla[9] como cerdos en un corral de puercos.

Sin embargo, tengo que decir que, a pesar de habernos podido librar del susodicho, no nos pudimos librar de la tristeza que nos producían algunas de las imprudencias que les verbalizaban ciertos entrometidos a mis progenitores; quienes, lamentablemente, se convirtieron en víctimas del imaginario social del dichoso embarazo: «Vayan practicando con la escopeta para cuando esa niña se convierta en señorita», como si solo hubiera que ser precavidos con las niñas y no con sus opuestos. «¡Ubícate, ridículo, que ya superamos la prehistoria!», yo les gritaba del coraje a los que se atrevían a meter la cuchara en plato ajeno[10].

Creo oportuno aprovechar la ocasión para también aceptar que en ocasiones a mi estado de ánimo le daba con pasar de tristeza a desesperanza mientras crecía en el vientre de mi madre, y todo porque me sentía responsable de su supuesta «discapacidad». Al que más o al que menos le daba por limitarla: «No vayas a hacer fuerzas, mamita; puedes abortar». Comentarios alarmantes como ese sí que la hacían entrar en pánico.

De hecho, me parece que esa fue la primera vez que conocí de cerca la culpa…

Por aquello de dejar atrás lo que en verdad duele, mejor paso a contarte cómo les fue a los primerizos con los preparativos tan chulos del *Baby Shower*[11]. —Por no mencionar la que se formó con el escogido de mi nombre, que ya a estas alturas da lo mismo que me conozcas por el que fue registrado en el certificado de nacimiento o por Misma[12]. Total, quién sabe; a lo mejor esta historia se trata de ti y no de mí. Pero, bueno, no nos desviemos del asunto y regresemos de vuelta al tema de la celebración que nos traía a todos por el camino de la amargura[13]—. Esos días estuvieron cargados de discusiones entre ellos, familiares, vecinos y amigos por los gustos y las preferencias en cuanto a motivos, colores, actividades, lugares para la recepción, invitados y un reguero de jodiendas más. Y mientras tanto, yo ya estaba casi lista para nacer en medio de tantos dimes y diretes[14].

Parecerá mentira, pero ese «inofensivo maltrato», que suele pasar por ficha[15], lo sufrí hasta el día de mi nacimiento en el que el dilema era: «¿Qué les vamos a obsequiar como muestra de agradecimiento a las personas que vengan a ver a la nena?». ¡MIERDA les hubiera dado yo!, que se acuerden que querían macho. Nada, que los dos estuvieron horas poniéndose de acuerdo con eso a pesar de que mami acababa de parir a esta criaturita que no se tardó mucho en comenzar a dar candela[16].

¡Válgame, Dios! Si los hubieras visto, se rompían la cabeza con tal de elegir entre: «¿flores o paletas?», «¿paletas o fresas?», «¿fresas o galletas?», «¿galletas o chupetes?», «¿chupetes o biberones?», «¿biberones o flores?». Y así, volvían a repasar las mismas opciones como ratas presas de sus ruedas.

Si en el embarazo ardió la mismísima Troya[17], no te quieras imaginar las críticas que por si fuera poco recibieron por la disque mala selección que hicieron del recordatorio que les costó un ojo de la cara[18]. A eso súmale las recomendaciones que les vinieron después, y que dudo mucho que les hayan caído como anillo al dedo[19]; pero por supuesto que en especial a la santa de mi madre que vinieron y le cayeron arriba con el asunto del posible cambio en el tamaño del himen, los dolores que comenzaría a experimentar una vez retomara las relaciones sexuales con papi —¡Por Dios, qué imagen tan gráfica!— y todo el rollo[20] de la cuarentena.

Casi nada para una mujer que para colmo no producía leche como vaca para su becerro y a la que el personal de enfermería que la asistió en el proceso de lactancia la hizo sentir como mala madre por no responder satisfactoriamente al llamado de la naturaleza mamífera. ¡No, si es que te digo!

Recuerdo que mientras cada quien seguía en lo suyo en el piso de maternidad del hospital, yo me sentía despreciada por cargar con una vagina. También recuerdo lo aborrecía que estaba de la gente antes de nacer y conocerla. Hasta recuerdo cómo me preguntaba a mí misma con tremenda confusión: «¿Quién llegó al mundo, ellos o yo?». Recuerdo lo bruta que me sentía por eso a pocas horas de nacer. Recuerdo las ganas prematuras que tenía de faltarles el respeto a mami y a papi por querer ponerles de sombrero las flores, las paletas, las fresas, los chupetes y los biberones, y todo por arruinar con estupideces el momento.

La cosa al nacer se puso buena en casa porque no necesariamente llegué con una cabellera abultada, más sí con apetecibles rollitos formados por todo mi cuerpo, por lo que mami se tenía que esforzar un poco más de la cuenta para que yo pareciera lo que en realidad era: una nena; y para que tampoco les volviera a ocurrir, a papi y a ella, que dos o tres se acercaran al coche para hacerme cucamonas[21]: «¡Y ese nene…, agugugugugugú!». La confusión acerca de mi sexo biológico los disgustó mucho por su recurrencia y las consecuencias como siempre las terminé pagando yo.

En menos de lo que canta un gallo[22] ambos me comenzaron a criar entre rosa y rosas para evitar, aunque fuera en algo, la chava confusión. Los resultados de semejante invento provocaron que los principiantes en asuntos de crianza me creyeran princesa: digna de portar coronas, habitar castillos y flechar corazones de sangre azul. Pero me pregunto yo: «¿Ellos habrán estado conscientes de lo que implicaba ser una princesa en esos tiempos, y, más allá de eso, habrán estado conscientes de las consecuencias que eso acarreaba para todos?». Honestamente, no lo creo.

Al paso de algunos años a la niñez le dio por atraparme con las manos en la masa[23]. Hacía de las mías todo todo el día, niña al fin. Como cuando iba de visita a la Iglesia, y cogía y me iba por detrás de una de las vecinas —de la que siempre se sentaba en el último banco de madera del lateral izquierdo— para hacerle la vida de cuadritos[24]. La devota, que ya estaba tirando pa' jamona[25], llegaba, se sentaba, cruzaba las piernas sobre el suelo y se quitaba los zapatos como si estuviera en su casa. Ahí era cuando yo aprovechaba para escondérselos con la ayuda de mi hermana que parecía una santa, pero también se las traía.

A veces la vecina, encojoná[26] con razón de sobra, no podía ni comulgar porque a cuenta de nosotras se le iba el tiempo en encontrar los «zapatos de vieja», como les decíamos por traviesas. Y como la vida no se queda con nada de nadie, dentro de unos añitos será a las dos a las que nos toqué calzarlos; ya veremos quiénes estarán a cargo de la burla. ¡Ja, ja, ja, ja!

Después de que me cansaba de fastidiar a la pobre me daba con practicar mis habilidades en el baile delante del sacerdote y en medio de la misa al son del rap[27]; vestida bien formal y todo porque iba, según yo, y que de visita a la casa del Padre. Ya te podrás hacer una idea de la cara de bochorno que ponía mi madre y de la lengua suelta de los feligreses que me tildaban sin filtro de «mal hablada», «malcriada», «parejera[28]» y «machúa[29]» por animar el sermón a mi manera con la mejor de las intenciones. Y aunque en este momento debes estar pensando que para esos años yo era la versión femenina de *Daniel* «el travieso»[30], lo que posiblemente no consideras, al igual que los feligreses, son las circunstancias de mi comportamiento.

Durante mi niñez sufrí la relación disfuncional de mis padres y su posterior divorcio. A partir de entonces comenzó el calvario[31] de esta niña sobre la que muchos decían: «Esa muchachita es el diablo[32]», sin probablemente considerar el poder de destrucción de la palabra hablada.

Eso, más papi en casa poniéndomela difícil, acabó de fastidiar mi existencia. Quizás pensó que la manera correcta de frenar mi temperamento era llevándome al palo[33] como lo hizo. Sin embargo, el exceso de machismo en mi crianza tuvo una reacción contraproducente en mí. Ninguno, ni él ni mami, se dio cuenta de que sus problemas de pareja me rompieron por dentro sin querer queriendo.

Para cuando llegué a la adolescencia mi carácter se había formado. En esos años sentía que el mundo estaba en mi contra porque aparentemente pensaba, sentía y actuaba distinto a los demás. «¡Neeena, madura!», me exigían. «¡Coño! Cómo quieren que madure de un día para otro. No se supone que la que no tiene piedad con muchos, en parte, sea para eso;

aunque en sus días el cambio mental parezca que va por un lado y el físico por el otro», respondía a tal exigencia con una actitud rebelde. Ya tú sabes, bien mía.

Cómo olvidar que hasta bombos y platillos sacaron en mi casa cuando anunciaron que me cantó el gallo por la llegada imprudente de la colorá[34], que, contradictoriamente, con el paso del tiempo se convirtió en cosa del diablo para mi familia y en un dolor de cabeza para mí debido a que la cantaleta obligada que le siguió a ese gran acontecimiento era: «¡No vayas a meter las patas[35], acuérdate que ya eres una señorita!», por la expectativa que tenía la gente de que, a partir de entonces, comenzaría a curiosear con el sexo como una demente. «¡Aaah! Todo el mundo habla, pero a nadie se le ocurre tocar el tema conmigo», reprochaba con toda razón.

Y yo prendía, porque la realidad era que no tenía la mente en eso como las personas que me rodeaban pensaban. Para nada, bastante aburrido que fue ponerle un condón a tanto guineo reluciente y bastante perturbador que resultó imaginármelos entrando por la vagina. Lo mío era el baile, gente, y experimentar con la moda, el maquillaje y cosas así por el estilo. ¡Y qué a mi edad pensar en guineos, por Dios!

Por medio de pasatiempos como esos, nada atípicos, era que yo acostumbraba a expresar la rebeldía de la niñez que se congració muy pronto con la de la adolescencia para terminar de completar.

Con decirte que la primera travesura de muchas que hice fue rasurarme las piernas sin el debido consentimiento de la madre que me parió, y, como consecuencia, llevarme los cantos[36]. Creo que una caja de curitas no fue suficiente para detener el sangrado de cada una de las heridas que me hice y que gritaban por auxilio al entrar en contacto con el alcohol.

La segunda travesura ya fue una más subidita de nivel. De una me llevé la mitad de las cejas; solo a mí se me ocurrió pasarme por el entrecejo una navaja de esas que se utilizan para rasurarse las piernas. Todavía no entiendo cómo no opté por hacerlo con un perfilador, cera o un método más sofisticado.

No obstante, lo más terrible de andar en esas fue quedarme sin pelo. Sí, así como lo estás leyendo. ¡Sin pelo, SIN PELO en plenísima ADOLESCENCIA!

Curiosamente, el resultado de probar nuevos tratamientos en mi cabellera fue un corte bien pegado que acentuó mi perfil, estilizó mi silueta, aumentó mi estatura y provocó la llegada de mi primer novio que por alguna razón todos en la familia lo veneraban por ser mayor que yo.

Al menos él llegó para apreciar y valorar mi belleza. Y por qué digo esto, porque en una ocasión fui víctima de la burla en la escuela a consecuencia de mis pequeños senos a los que a todos les dio por llamarles, de forma despectiva y sin nada de tregua, «huevitos fritos» —excepto a las que los tenían justo como yo, por supuesto que a esas no—; mira tú qué jodienda. Y después se atreven a decir por ahí que las supuestas «feas» son las únicas que sufren de acoso. La belleza es relativa, ¿sabes?

No resulta difícil concluir que mi adolescencia fue complicada. ¡Válgame, Dios! Con la personalidad y el carácter que me gastaba, con las hormonas del crecimiento revueltas y con un noviecito que, además de alcanzar mayor madurez que yo para reprimir cualquier impulso que me surgiera a causa de la adolescencia, gozaba a sus anchas de la aprobación de mi familia; una familia a la que, en lo personal, le hubiera sugerido que se peinara o se hiciera rolos[37].

En poco tiempo, la vida me volvió a cambiar. ¡Uf! Cuando llegué a la juventud las personas me comenzaron a fastidiar que si con: «¿Qué piensas estudiar?», «Mira que si no estudias vas a vivir metida en un *fast food*[38] toda la vida», «Mira a ver con quién te vas a meter ahora», «¿Ya estás buscando trabajo?», «¿Qué estás haciendo?», «Mira que ya tienes edad para ayudar a tus padres en la casa», «¿Has pensado en independizarte?»…

Demasiado ruido no me dejó disfrutar de lo lindo que hubiera sido ser joven.

Sin la intención de complacer a algunos, cuando terminé la escuela superior ingresé a la universidad para continuar con los estudios. Sin embargo, para decepcionar a la mayoría, dejé al novio apuesto que tenía desde la adolescencia para meterme a ciegas con un hombre que despertó en mí las mariposas que traía dormidas en el estómago desde siempre. Para variar, en mi casa no me querían con él porque le tenían mucho cariño a mi pareja anterior. «¿Cómo es que de repente la sangre deja de pesar tanto?», pensé en eso cuando me eché en contra a las personas más cercanas a mí sin ninguna necesidad porque, más adelante, el tiempo les dio la razón a ellas y a mí se me echó a reír en la cara.

Para qué voy a decir que fueron fáciles si en realidad fueron tiempos muy difíciles para mí y para todos los que me llevé enredados en cada una de las mías: complicaciones con los estudios y la joda, enfrentamientos con papi y mami por enredarme con un hombre separado y con hijos, y malos ratos con quien fuera mi expareja. En fin, que antes de que me diera cuenta ya el desmadre[39] reinaba en mi vida por querer para mí lo que a otros no les parecía.

Como era de esperarse por mis familiares, y hasta por mí, un buen día salí con el domingo siete[40]. Esto provocó que tuviera los días más que contados en la casa de mis padres y que, por no sé qué número de vez, estuviera por un tiempo en el ojo público[41] y cayera en boca de todos[42]. ¡Maldita sea...! Es que haces noventa y nueve cosas bien, pero, a la primera que hagas mal, la gente le hace borrón y cuenta nueva a las anteriores noventa y nueve. Así las cosas, nunca haremos algo bien a juzgar por los demás. Insisto en que el jodi'o[43] síndrome de memoria selectiva nos tiene enfermos a todos.

Y antes de continuar con mi relato, que de todo corazón espero que no esté siendo poca cosa, te voy a pedir un pequeño favor: no me juzgues por lo que hice, ¿porque sabes algo? Es posible que mi decisión, aunque errada, haya estado motivada por las ganas de vivir luego de haber recibido un diagnóstico de cáncer en los ovarios que en un inicio fue reservado.

«¿Cuándo se van a casar?», me preguntaban los más cacheteros[44] después de ellos haber superado mi «*ups*[45]»; como si en todo caso los fuera a invitar a la boda. «¡Dios mio, nena! Lo que hiciste estuvo bien mal, lo hubieras pensado antes de meter las patas», nos chavamos[46] ahora con los más precavidos. «Amiga, ¡¿y no te dio por cuidarte?!», me preguntaban los más metíos[47] disfrazando sus verdaderas intenciones de decirme: «¡Nena, saliste toda una joyita!», que, como sabes, en realidad «joyita» significa «puta» —digo, en este contexto—. Y si para ellos eso era lo que significaba ser una joyita, pues bien: yo era una PUTA que sin pensarlo dos veces me hice cargo de la crianza de la hija del que terminó siendo un eficiente donador de esperma. «Y ahora, ¿qué van a decir de esta joyita?», aún me da por preguntarme con sarcasmo y curiosidad.

A pesar de todos los señalamientos que recibí por el embarazo inesperado me desenvolví como lo hubiera hecho cualquier mujer que lleva la ropa bien puesta en su sitio o revolcada cuando le viene la soberana gana[48], simplemente porque sí. Me fajé día y noche en mi trabajo, ejerciendo la profesión más noble de todas para contribuir a la calidad de vida de las personas y ganarme el sustento de mi hogar.

Y si lo que está pasando por tu cabeza en estos momentos es «del agua mansa líbrame, Dios; que de la brava me salvo yo[49]», mejor piensa que las circunstancias no definen a las personas.

Mi actitud jaquetona regresó al poco tiempo de dar a luz a la nena. Creo que me hastié muy temprano de ser ama de casa. Había terminado mis estudios y mi rutina a diario se circunscribía al trabajo y al hogar; y, por su puesto, al rey de la casa que actuaba como si yo le hubiera dicho: «Nene, pide por esa boca[50]». Incontables fueron los días que aguanté ver a mami haciendo de sirvienta para que yo viniera a caer en lo mismo, así que qué carajos se estaba creyendo el comodito ese.

Como te habrás podido dar cuenta, ya estaba algo harta de cumplir con una tras otra expectativa, de tener que llenar a pulmón los zapatos de la codiciada MUJER DEL SIGLO 21; que no es que me quedaran grandes, pero para nada me interesaba meterme en ellos a la fuerza.

¿Qué me habrá tenido tan ocupada como para que no me hubiera dado cuenta de que me estaban formando para convertirme en una mujer de semejante tipo? ¿Cómo me pude tragar el cuento de que aspirar a la igualdad era lo que necesitaba para sentirme realizada? Simplemente, no me lo explico.

Ya estoy por pensar que en la dura lucha por posicionarnos al lado de los hombres se nos olvidó incluir en la petición que nos eliminaran la cuantía de deberes y responsabilidades que por *default*[51] la sociedad nos impone a nosotras, a las del sexo débil; como moral intachable, buenos modales y apariencia impecable. Y que no se me queden las tareas en las que se nos va la vida. Me refiero a la atención y al cuidado de la pareja, los hijos, el hogar, el perro, el gato, el burro, el cerdo, la gallina, el caballo y hasta el toro con todo y cuernos; el vecindario; el trabajo; la iglesia; los veinte millones de cosas de las bendiciones[52]; los estudios con todo y promesa de un mejor porvenir; las citas, los pagos, las compras y las embrollas. ¡Aaah, y el SEXO amiga! Ese sí que no se me puede quedar en la lista; mira que esos varones necesitan recargar energías para mantener su estatus de alfa.

¡Por favooor! Evita caer bajo y no le vengas a llamar a esto «equidad», porque este boquete[53] a mí de lo que me tiene cara es de tremenda explotación humana socialmente aceptada. Y como todo lo que es socialmente aceptado termina convirtiéndose en la norma, aquí estamos: como sendas PENDEJAS celebrando lo que padecemos.

Ahora mismo mientras escribo esto con una de mis manos y con la otra maniobro para quitarme el sostén que me recuerda que hasta la obligación y el deber tengo de conservar con todo la fuerza de gravedad, como si para colmo le tuviera que rendir tributo a Isaac Newton con mis senos ya crecidos, me pregunto bien bien bien pero bien cabreada[54] a consecuencia del bendito desmadre que felizmente aceptamos como si se tratara de tremendísima oferta en el mercado: ¿En serio que eso era lo que queríamos lograr con todo el invento este de la igualdad? —¡Y ya, eso era todo lo que quería decir! Menos mal, ¿verdad? ¡Ja, ja, ja, ja!

¡Ay, déjate de eso! Mira que para ese entonces cargaba con una sobredosis de rebeldía… La llevaba por dentro, en el corazón; pero también por fuera. La manifestaba en mi forma particular de ser. ¿Evitar que se me saliera por los poros? ¡Imposible! La cargaba en mi vestimenta; por eso es que sé reconocer la habladuría y el desprecio en el rostro de la gente que no sabe o no puede o, simplemente, no quiere disimularlo.

Al cabo de unos cuantos años de convivencia, de sentir que cargaba con los güevos que le faltaban a mi marido por lo deja'o[55] que era —y al que estaba loca de darle una patada por el culo— y de años trabajando como burra para de seguro morir como asno comencé a sentir la necesidad de una transformación. Para nadie era secreto que a esa edad me encontraba en el preámbulo de mi etapa más productiva y la vida no me satisfacía como antes en ningún sentido.

Por siete años, por siete años aguanté lo que no te imaginas en mi martimonio[56] porque, después de varias infidelidades conocidas y perdonadas, y de un sinnúmero de pocas vergüenzas de su parte, me casé por la Iglesia con el mismo idiota que me traicionó. Encima de eso también le tuve que aguantar a su familia que me acosara con darle al machito de la casa[57].

Nadie lo sabía, y de seguro las personas más cercanas a nosotros ni lo sospechaban, pero te confieso que yo sufría en silencio por la fastidiosa insistencia esa de traer una nueva vida al mundo con alguien como él. A veces hasta me resultaba preocupante que todos se pusieran de acuerdo para presionarme con lo mismo. Me hacían sentir que había algo mal en mí; lo que fue suficiente para que yo cediera a sus caprichos y me sometiera a una revisión médica porque, para variar, no salía embarazada.

Para sorpresa de todos —sí, porque creo que, más que el macharrán y su familia, la sorprendida fui yo—, quien tenía la dificultad para embarazar a esta que está aquí era el rey; y por defecto su familia. Al momento exacto de recibir los resultados de los exámenes de fertilidad no me aguanté las ganas de darle cabeza[58] a la habilidad que tiene la tortilla para virarse en el momento más oportuno y menos esperado; una cuestión así. Pero la cosa no terminó ahí.

Es cierto que mi esposo me dejó tranquila con el asunto de un segundo hijo después de la gaznatá[59] que le dio la vida y que su familia se aprendió a morder la lengua antes de abrir la boca para meterse en lo que no le importa. Sin embargo, conforme fue creciendo nuestra hija, el gran titular que comenzó a trascender en los medios de bochinche vecinal a la velocidad de la luz leía: «Una mujer que no merece tener ovarios: La linda decidió no darle un hermano a la niña».

Cada vez que las vecinas abrían la boca para preguntarme reiteradas veces cuándo le iba a dar un hermanito a la niña, porque obliga'o[60] tenía que ser un varón, yo me veía en la necesidad de ser grosera con ellas y responderles para mis adentros por educación: «Mire, no joda más y tenga uno usted».

Total, de nada me valió tanta grosería mental porque a la que le volvió a salir el tiro por la culata[61] fue a mí, y no a las castas amas de casa. Tal y como si me estuvieran vaticinando el futuro, sucedió. Fue a partir de mi sorpresivo segundo embarazo, y como si de una ironía se tratara, que me cansé de servirle de estereotipo a la sociedad que me hacía mierda. Como consecuencia todo, literalmente todo, cambió en mi vida de golpe y porrazo[62].

NOTAS

y aquí unas cuantas notas
para que nos podamos entender

...

1. La expresión coloquial «pensar con las patas» se refiere a cuando una mujer se deja llevar por las emociones del momento y termina teniendo relaciones sexuales con un hombre a sabiendas de que puede quedar embarazada como consecuencia.
2. La palabra «crica» es una expresión coloquial que se utiliza en algunos países de habla hispana para referirse al órgano genital de la mujer conocido como «vagina».
3. La frase «por ahí viene la chancleta» es una expresión coloquial que se utiliza para indicar que una mujer está a la espera de dar a luz a una niña.
4. La frase «después de verle los huevos al perro cualquiera dice que es macho» es una expresión que significa «así cualquiera», por ser obvio.
5. La frase «para nada sexista» es una expresión que denota sarcasmo, por ser lo contrario a lo que se expresa.
6. La palabra «pajarito» se refiere en este contexto al órgano genital masculino conocido como «pene».
7. La frase «da noticia les cayó como bomba» es una expresión coloquial que en este caso deja saber que la noticia no fue bien recibida, por no ser lo que se esperaba.
8. El término en inglés «*Gender Reveal*» se utiliza para nombrar a la actividad que se realiza para dar a conocer el sexo biológico del bebé que está por nacer.
9. El término «sandwichitos de mezcla» se refiere a un entremés muy popular en las actividades que se realizan en países como Puerto Rico, y que consisten en porciones pequeñas de emparedados que contienen una mezcla de queso, jamonilla y pimientos morrones.
10. La expresión coloquial «meter la cuchara en plato ajeno» es lo mismo que «meterse en lo que no les incumbe».

11. El término en inglés «*Baby Shower*» se utiliza para nombrar a la actividad que se realiza para celebrar la llegada del nuevo bebé al mundo o para darle la bienvenida a este.
12. El término «Misma» se ha vuelto muy popular en países de habla hispana, se utiliza para referirse a la persona misma.
13. La expresión coloquial «los traía por el camino de la amargura» se utiliza para referirse a algo que causa muchos problemas o disgustos.
14. La expresión coloquial «dimes y diretes» hace referencia a comentarios o habladurías.
15. La expresión coloquial «pasar por ficha» se refiere a algo que pasa desapercibido.
16. La expresión coloquial «dar candela» en la cultura puertorriqueña hace referencia al trabajo que le hace pasar una persona a otra respecto a su comportamiento.
17. La expresión «ardió Troya» se utiliza en este contexto para indicar que se formó un lío.
18. La expresión coloquial «un ojo de la cara» indica en este contexto que el obsequio fue costoso.
19. La expresión coloquial «como anillo al dedo» es lo mismo que decir en este contexto que los comentarios les hayan venido bien.
20. La expresión coloquial «rollo» es lo mismo que «asunto» o «tema».
21. La expresión coloquial «cucamonas» son caricias o halagos que una persona le hace a otra.
22. La expresión coloquial «en menos de lo que canta un gallo» significa con rapidez.
23. La expresión coloquial «con las manos en la masa» se utiliza para referirse a una persona que es sorprendida a punto de hacer una maldad, travesura o cosa prohibida.
24. La expresión coloquial «hacerle la vida de cuadritos» es lo mismo que hacerle la vida más complicada a alguien.
25. La expresión coloquial «ya estaba tirando pa' jamona» hace referencia a la mujer que ya ha alcanzado cierta edad sin haberse comprometido o casado; y «pa'» es lo mismo que «para».
26. La expresión coloquial «encojoná» es lo mismo que «encojonada», se utiliza para indicar que la persona está molesta.
27. El término «rap» hace referencia a un género musical muy popular en la época.

28. La palabra «parejera» se refiere a una persona desvergonzada o confianzuda.
29. La palabra «machúa» es una expresión despectiva que se utiliza en este contexto para referirse a una mujer que es capaz de realizar actividades físicas que por lo regular llevan a cabo los hombres.
30. Daniel «el travieso» es un comic estadounidense de comedia, titulado en inglés *Dennis the Menace*.
31. La expresión coloquial «comenzó el calvario» se refiere a que comenzaron sus pesadumbres o desgracias.
32. La expresión coloquial «esa muchachita es el diablo» significa que es muy terrible.
33. La expresión coloquial «llevándome al palo» es lo mismo que decir «sin darme descanso».
34. La frase «anunciaron que me cantó el gallo por la llegada imprudente de la colorá» significa que anunciaron que recibió su primera menstruación por la llegada del flujo femenino de color rojo.
35. La expresión coloquial «meter las patas» significa salir embarazada sin planificarlo.
36. El término «cantos» se refiere a «pedazos».
37. La expresión coloquial «se peinara o se hiciera rolos» es lo mismo que decir que se decidiera.
38. El término en inglés «*fast food*» se refiere a un establecimiento en el que se sirve comida rápida.
39. El término «desmadre» significa «descontrol» o «caos».
40. La expresión coloquial «salí con el domingo siete» se utiliza para indicar que una mujer soltera y joven salió embarazada sin estar en una relación formal con un hombre.
41. La expresión coloquial «en el ojo público» es lo mismo que tener todas las miradas puestas sobre sí por algo que se ha hecho, y no es bien visto por la sociedad.
42. La expresión coloquial «en boca de todos» se refiere a una noticia comentada por todos.
43. El término «jodi'o» es lo mismo que «jodido».
44. El término en plural «cacheteros» hace referencia a las personas que comen y beben a cuenta de otras.
45. La frase «mi "*ups*"» es lo mismo que «mi metida de pata», salir embarazada sin planificarlo.
46. La frase «nos chavamos» es lo mismo que «nos fastidiamos».

47 El término «metíos» es lo mismo que «metidos», entrometidos.
48 Esta expresión se utilizó para indicar que se desenvolvió como a ella le dio la gana.
49 La expresión coloquial «del agua mansa líbrame, Dios; que de la brava me salvo yo» se refiere a que las personas que aparentan ser mansas y tranquilas pueden resultar ser las más peligrosas, por lo que se prefiere evitar a estas en lugar de las que se presentan tal cual son.
50 La expresión coloquial «pide por esa boca» se refiere a que la persona puede pedir cualquier cosa, ya que será complacida.
51 El término en inglés *default* en español significa «de manera predeterminada».
52 La expresión coloquial «las bendiciones» hace referencia a los hijos que tiene una madre; bien pueden ser hembras o varones.
53 El término «boquete», muy utilizado en estos tiempos entre los jóvenes en países de habla hispana, se refiere en este contexto a un problema profundo.
54 El término «cabreada», muy utilizado en estos tiempos entre los jóvenes en países de habla hispana, hace referencia a un estado intenso de disgusto.
55 El término «deja'o» es lo mismo que «dejado».
56 El término «martimonio» resulta de la combinación de las palabras «matrimonio» y «demonio», se utiliza para referirse a la mala experiencia que han tenido dos personas al casarse y convivir.
57 La frase «el machito de la casa» hace referencia en este contexto al nene de la casa.
58 La frase «darle cabeza» en este contexto es lo mismo que pensar mucho en algo.
59 El término «gaznatá» es lo mismo que «gaznatada».
60 El término «obliga'o» es lo mismo que «obligado».
61 La expresión coloquial «salir el tiro por la culata» se refiere en este contexto a cuando a una persona las cosas le salen al revés o contrario a lo que esperaba.
62 La expresión coloquial «de golpe y porrazo» se utiliza para indicar que algo ha ocurrido de manera inesperada.

TRABAJEMOS JUNTAS
en *el lazo que nos une*

...

Identidad personal

La protagonista de esta historia repasa e internaliza su identidad personal a lo largo de la narrativa; ya sea de manera consciente o inconsciente. Y solo por comenzar a despertar tu curiosidad sobre el tema que nos ocupa en esta ocasión: ¿Sabías que el elemento más simple de la identidad personal es nuestro nombre?

En términos generales, la *identidad personal* hace referencia al conjunto de rasgos propios que caracterizan a un individuo y lo hacen reconocerse como un ser humano diferente a los demás. En contraste con la personalidad, la misma está influenciada por las interacciones sociales de las cuales vamos participando a lo largo de la vida. De alguna manera la identidad personal tiene que ver con aquellas cosas que te hacen ser eso a lo que le llamamos «TÚ» y tú le llamas «YO», un ser humano único e irrepetible. Por lo regular, este fenómeno subjetivo y dinámico —aunque estable— contesta la pregunta: ¿Quién soy yo?

Si te preguntas por qué es importante reconocer y aceptar nuestra identidad personal no olvides que, para lograr cualquier cambio, incluso transformación como seres humanos, es por aquí por donde debemos iniciar el proceso a fin de conseguir los resultados deseados. Ante cualquier paso hacia adelante en la vida no dudes de lo imprescindible que es ser y estar conscientes de quiénes somos.

➤ EJERCICIO

Un *fotograma* que revelará tu identidad personal

➤ OBJETIVO

Hacerte consciente en lo posible del desarrollo de tu identidad como ser humano mediante un ejercicio visual que te invitará a la autorreflexión para perseguir el crecimiento humano óptimo desde el emprendimiento personal.

➤ MATERIALES

1. Fotos
2. Cámara
3. Impresora

NOTA: En caso de no contar con los materiales sugeridos, considera que puedes adaptar el ejercicio de acuerdo con los recursos que tengas disponibles.

↗INSTRUCCIONES

Sácale el polvo al baúl de los recuerdos que tienes olvidado en alguno de los armarios y, con él apuestas, ocupa el espacio de tu hogar en el que más disfrutes estar. Después de haberlo ambientado con buena iluminación, olor y música, y también haberte asentado en el suelo con total comodidad, construye un fotograma por medio del cual puedas plasmar el desarrollo de tu identidad personal. Solo en caso de que no lo tengas claro, un *fotograma* es una secuencia de imágenes.

Para hacer esto, identifica una foto por cada una de las etapas de vida que ya hayas atravesado: prenatal, infancia, niñez, adolescencia, juventud, adultez joven, adultez media o adultez tardía. Luego de identificarlas colócalas en secuencia en orientación horizontal, desde la etapa de vida más temprana hasta la más tardía. Una vez lo hayas hecho, observa la secuencia de fotos con detenimiento y repasa a conciencia cómo se ha desarrollado tu identidad como ser humano a lo largo del tiempo.

Con relación a lo anterior toma en consideración, por ejemplo: los entornos en los que te formaste, las personas significativas con las que te involucraste, las circunstancias de tu vida y las maneras en las que te enfrentaste a estas. En definitiva, piensa: ¿Cómo describes tu identidad personal y cómo te hace sentir la percepción que tienes acerca de esta?

No olvides acompañar este único y memorable momento de una buena copa de vino y unos deliciosos piscolabis para deleitar no solo a los recuerdos, sino también al paladar. Después de todo mereces regalarte un espacio de *atención* o *conciencia plena*, conocido en inglés como *mindfulness*.

ⓘ **IMPORTANTE:** Tómale una foto al ejercicio y pégala en el espacio provisto en la próxima página, así podrás documentar el trabajo que has realizado para alcanzar el crecimiento humano óptimo desde el emprendimiento personal.

MI EJERCICIO EN UNA FOTO
pega aquí una foto *del ejercicio completado*

ENTRE MIS PENSAMIENTOS Y YO
anota aquí tus reflexiones *sobre el capítulo*

ENTRE MIS PENSAMIENTOS Y YO

anota aquí tus reflexiones *sobre el capítulo*

ENTRE MIS PENSAMIENTOS Y YO
anota aquí tus reflexiones *sobre el capítulo*

_____
_____
_____
_____
_____
_____
_____
_____
_____
_____
_____
_____
_____
_____
_____
_____
_____
_____
_____
_____
_____
_____
_____

¿En qué medida
has contribuido a forjar tu
identidad personal?

«Nos tenemos que tratar bien para
no meternos en problemas».

. . .

Sofía Nicole Matos Santos
Estudiante de quinto grado de elemental.
—10 años—

LIBERACIÓN EMOCIONAL
en verso

...

He chocado abruptamente
con la realidad que me rodea.
Realidad de realidades,
pura realidad,
que mis sueños han trastocado
extinguiendo con sus aspas
mis deseos de libertad.

2

LIBERACIÓN EMOCIONAL

La descarga mesurada de emociones
purifica el interior.

• • •

Corría por los pálidos pasillos del hospital a los que a alguien con su creatividad se le ocurrió animar con fotos de los tiempos de antaño; supongo que para revelar la historia de ese lugar que, como quien no quiere la cosa, albergaba la vida y la muerte. Te lo juro por mi santísima madre, que Dios me la cuide y me la proteja, que ese día no podía estar en mejor sitio. No, señora; para nada. Ese día tenía que estar allí por si acaso me daba una pendejá[1] de esas que terminan con la vida de uno en menos na'[2].

Corría, corría y seguía corriendo por esos pasillos; incómoda y con bochorno porque mi jadeo les resultaba perturbador a los oídos de las personas que me pasaban por el lado mientras avanzaba en la carrera que por masoquista me eché encima con el peor de los rivales: el duelo físico y emocional.

¡Qué cómo lo sabía!, porque a mí era y me tenía hasta la coronilla[3].

Entre tú y yo, supongo que correr fue un instinto de huida. Sin embargo, créeme que tuve mis motivos para hacerlo. Corría para dejar atrás a la persona que perdí y a lo que perdí, ese día temprano en la mañana.

Espera espera espera, por si ya se te asomó la curiosidad te lo anticipo sin tapujos: «¿A quién perdí?», a mi todo. «¿Qué perdí?», todo.

Bueno, al menos, eso creí por ingenua cuando me comenzaron a azotar las ráfagas de una tormenta que llegó a mí sin advertencia previa. La fuerza de los azotes era de tal magnitud que amenazó con tirar el muro que construí con cada experiencia de vida junto a él. Cuál de los peldaños no colocamos bien para hacerlo vulnerable a la tormenta, la verdad es que no lo sabía; y con eso me comencé a torturar en medio de la carrera.

—¿Qué hice mal? ¿En qué fallé? —me pregunté en busca de respuestas que quería que aparecieran de hoy para ayer a cuenta de lo que fuera. ¡Tsss..., chavá manía[4] la mía de angustiarme sin necesidad! En mi resumé, pudiera aparecer como una especialidad.

Hasta me puse a suponer: «Si hubiera hecho esto, o lo otro». ¡No me jooodas! Claro que si hubiera hecho algo diferente a lo que hice las cosas hubiesen resultado de otra manera. Eso no es ninguna ciencia, eso es sentido común; más mi corazón no estaba en condiciones de entender de esas cosas a la luz de tanta incertidumbre.

Corría, te digo que miraba para atrás y corría. Miraba con un sentido singular de persecución y, mientras más insistía en hacerlo, más me daba por correr para escapar del derrumbe que inevitablemente se me venía encima. Ya tenía hasta la lengua por fuera; porque, escúchate esto, de atleta tenía lo que el que resultó ser senda caja de sorpresas, y no de las buenas, sigue teniendo de fiel. «¿En esas…?». ¡Sí, en esas!

En varias ocasiones, tropecé; cómo no. Una que otra vez frené con las manos sobre el piso pulido en el que pude ver mi cara demacrada; aun así, me volvía a poner de pie para seguir porque tenía claro que estaba en medio de una carrera y sabía que rendirme no era una opción. Tan perseverante yo, ¿verdad? ¡Qué va a ser, pendeja será!

Si me ponía de pie para seguir en carrera era porque en realidad les tenía temor a las consecuencias de la tormenta y a la posibilidad del derrumbe que presentía que era inminente.

«¿Qué habría sido de mí, si me hubiera quedado a la mitad del camino?», todavía me lo pregunto.

Corría, corría y corría, y detrás de mí dejaba unos cuantos restos de la fatiga que estaban a punto de perecer como yo; sin embargo, de todo, lo que más me dolió fue que a nadie le pareció importar.

Estoy segura de que las personas que me vieron en carrera y estacaron los ojos como vacas a las que se les mete la mano por el recto se hicieron las locas para no escuchar los gritos de auxilio que me tiré a lo largo de los pasillos a la par de mis pisadas. Algunas de ellas me miraron, sí, ya te lo dije, pero ninguna se acercó a detener mi paso. Solo en pocas, de muchas, pude ver la pena que se paseaba en sus ojos por mí. Y eso de qué valió, de nada.

No valió de nada porque, de nuevo, ninguna se dignó a detenerme a mí, a mi paso cansado y a toda la porquería que traía adentro.

Si esas personas hubieran reconocido que en ese momento yo era el peligro mismo hecho carne, no se hubiesen quedado tan indiferentes al papelón que estaba haciendo en público; así de sencillo.

A ver…, cómo explicarte que actitudes como esa matan. Pero, a veces, no matan a quien va dirigida; vas viendo por dónde voy con esta. Por el contrario, matan a quien las practica; porque y si mi intención hubiera sido atentar contra la vida de alguien en ese lugar, incluso, y si mi intención hubiera sido atentar contra la vida de alguna de ellas o atentar contra mi propia vida. ¡Bah! De seguro, en ese caso, no le hubiera importado a nadie.

Pero…, pero y si mi intención hubiera sido secuestrar o robar a un recién nacido, por ejemplo; o qué se yo. Yo no haría nada de eso, ni loca que estuviera. ¡Por Dios! Me conozco, pero ese es el punto. Esas personas no, y a pesar de eso me dejaron hacer fiesta[5] por los pasillos de ese hospital que se curaba en salud[6]. A la verdad que estaban peor que yo.

Te digo que no me quiero encontrar de nuevo a esas personas en lo que me queda de vida. «Nena, ¡qué latosa!», pensarás. Pues, no. Latosa, no.

A esas personas no tengo nada que agradecerles. Me dejaron huir de la realidad, de la mía porque las de ellas me importan un pito[7], y me dejaron creer que lo que estaba viviendo era un sueño causado por el cansancio de llevar días corridos en el hospital al cuidado de mi bebé de semanas de nacido.

Por favor, te imploro que no me sermonees porque sé lo que estás pensando…

Sé que ese era mi cagado asunto, y no el asunto de las personas de las que te estoy hablando; pero qué les costaba ponerme un obstáculo para no avanzar en la carrera que no me prometía ni las gracias. ¡Contra, eso no se hace! No importa cómo le quieras llamar, para mí ese fue un acto de mala fe de parte de ellas.

Tanto que se meten en la vida de los demás cuando nadie las llama y cuando se tienen que meter, como fue ese el caso, se hacen las de la vista larga[8].

Ya casi al final de la carrera la puta gente me comenzó a mirar con algo de desconcierto. Apuesto lo que sea a que, al verme así, tan descompensada, pensarían que había perdido a un ser querido o que me habían diagnosticado una enfermedad terminal; pero no, se equivocaron si eso fue lo que pensaron.

Mi aún esposo se había presentado en el hospital como quien no quiere la cosa, tal y como era su costumbre hacer, después de semanas sin procurar a su hijo, sin procurarme a mí y sin procurar a nuestra hija mayor que de todos era la más que sufría.

Su visita me dejó con el ojo cuadrado[9], para qué voy a mentir. Me desencajó. En serio, no la esperaba. Ya te dije, chica, llevaba semanas sin saber de él.

La actitud esa de papacito empedernido, de bien puesto, me hizo volver a los tiempos del mariposeo; que, te voy a decir la verdad, ya le tenía el mismo pánico que alguna vez le tuve a la muerte por lo que me tocó vivir con ese lindín[10].

Es que ese corte, y esa barba a lo *fade*[11] con la que acariciaba mi piel, la ropita ajustaíta[12] entre lo casual y lo deportivo, el *look*[13] definido por el reloj de mano que siempre traía puesto y su fragancia que era más avispada que yo y que hacía que me fuera detrás de él como perro faldero[14] me volaban la cabeza y me la volvieron a volar con suma crueldad en los pocos minutos que duró su visita.

¿Qué? El amor es ciego, ¿o se te olvida? Por eso es que lo seguía amando a pesar de haberme jodido como lo hizo. ¡Coño, habíamos acabado de tener a nuestro segundo hijo! Si recuerdas, a petición popular.

Dios… Me estremeció su imponencia y su maldito silencio. Me enterró en vida él, el propósito de su visita que fue como un arma blanca, mortal, y sus palabras regocijadas en mi nauseabundo dolor.

—¿Cómo sigue? —me preguntó por la salud del nene con una impersonalidad tan descarada que me dieron ganas de brincarle encima. Claro, como si en todo caso le importara; a otro perro con ese hueso[15].

Por sus patanerías, nuestro bebé nunca llegó a cobijarse bajo la sombra que le daría el gigantesco árbol que le pinté en las paredes de su estrecha habitación al adentrarme a la recta final del embarazo; cuando, literalmente, mi barriga estaba a punto de explotar y sentía a mi espalda cobrar vida para gritar del dolor.

Parecerá mentira, pero fue a partir de esos días de desilusión que comencé a conocerlo después de más de cinco años de matrimonio.

Es innecesario decir que fui cortante cuando respondí a su pregunta, y me costó mucho actuar así con ese miserable porque tenía tantas cosas que decirle a la cara, tantas cosas que reclamarle; pero, el miedo terrible que sentí de que se fuera sin resolver la situación entre los dos, no me permitió hacer nada más a mi favor.

En fin, que no lo logré hacer sentir como en realidad se lo merecía: como una mismísima MIERDA.

Mas, sin embargo, él a mí sí. ¡Canto de perro, charlatán, sinvergüenza!

—¿Qué va a pasar entre nosotros? —Me vi obligada a dejar las cosas en claro porque a pesar de la peste a guapo[16] con la que llegó, esa que te conté que sin querer queriendo me puso a babear de nuevo por el dos caras[17], no tuvo los cojones[18] que hacían falta en una situación como esa para ahorrarme la bendita cantaleta.

—Nada —respondió, con una miserable tranquilidad que en menos nada le puso fin a todo.

—¡¿Cómo que nada?! —me alteré por sentir que estaba encarnando el papel que tanto detesto de la madre que lo parió—. ¡Tenemos una familia! —le recordé a modo de reclamo.

Mis hijos, Dios mio; solo pensé en mis hijos para engañarme a mí misma. Eso me dio un coraje de los que te hacen hacer cosas de las que después uno se arrepiente; por lo que, en las de aguantarme de caerle encima al descarado ese, lo miré incisivamente a los ojos para solo encontrar en ellos una indiferencia semejante a la que te conté haber visto en la gente que me pasó por el lado en la carrera como si nada.

«¡Cóóómo! ¿No era tu esposo, el padre de tus hijos?». Sí, sí era mi esposo y el padre de mis hijos, y su actitud habló de lo canalla que él fue con ellos y conmigo.

Me dolió. En serio. Me dolió lo que me dijo, pero cómo me lo dijo fue lo que acabó conmigo.

La basura esa se quedó callada como un mismísimo idiota y, a pesar de que sabía que lo tenía en la punta de la lengua[19], le pedí a Dios con todas mis fuerzas que por favor lo hiciera cambiar de parecer. Te recuerdo que lo amaba; quién puede contra eso.

Cuando dio la primera señal de hablar me miró con más seguridad de la que lo hice yo cuando lo miré a él. ¡Mira qué imbécil! No sé qué pretendía con imponerse ante mí de esa manera tan desafiante.

Así como no hubo quien me detuviera en la carrera tampoco hubo quien evitara que mi corazón ni sintiera ni padeciera después de recibir el anticipado y próximo golpe bajo de parte del hijo de su buena madre.

—Ya no te amo. —No te voy a negar que esta, su confesión, fue sin duda la sentencia que dictó los cambios sustanciales que comenzaron a ocurrir más adelante en mi vida, y amén por eso.

Me derrumbé ante el Santísimo de la acogedora capilla del hospital hasta la que llegué. No me preguntes cómo lo hice —estando seriamente limitada de mis facultades mentales—, porque no lo sé; aunque sí sé que me hizo sentir en absoluta paz. Azotada, golpeada, arrollada, destruida, pero en paz.

Y sí, con honestidad te digo que pequé. Desafié la voluntad de Dios para reclamarle:

—¿Por qué…? ¿Por qué a mí? —Me quedé con la capilla entera mientras me hincaba de rodillas sobre la alfombra del color de la sangre de Cristo, y con mi berrinche le arrebaté la paz que me recibió con los brazos abiertos.

En respuesta a mi evidente catarsis, escuché de nuevo un seco y burlón «Ya no te amo».

Por segundos, sufrí en carne propia a cuenta del padre de mis hijos la tortura que hace padecer a cualquiera una fría confesión.

Loca como una cabra[20], porque no hay otra forma de describir la barbaridad que cometí, le volví a reclamar a Dios:

—¿Por qué a mí...? ¿Por qué, Dios? ¿Por qué? —Le pegué varios puños a la baranda que estaba puesta ante el Santísimo en la que tenía recostados los brazos. Eso me hizo sentir peor. Estaba consciente de que le había vuelto a faltar el respeto a mi Padre.

—¡Perdón, perdón, perdón...! —Iba dando pasos en retroceso mientras le seguía pidiendo perdón a Dios por lo que estaba haciendo en su casa.

—¡Perdón, Dios mio! No soy digna de ti —terminé por decir cuando llegué hasta el banco en el que me senté algo confiada en que me tranquilizaría con la presencia del Señor; aunque siguiera infinitamente avergonzada con Él.

—¡Padre amado, perdón! —le reiteré a Dios con la intención de ser perdonada por haber actuado de esa manera tan impulsiva en la capilla. Después de eso me quedé un rato en el limbo, y eso fue peor porque despertó en mí la necesidad de hacerle todos los reclamos habidos y por haber.

—¿Será que no ha sido suficiente para ti lo que me ha pasado? —enfrenté al Padre del Hijo Amado con tanto coraje—. ¿Cómo piensas que voy a resistir otro golpe? —estuve a punto de quedarme sin voz, se me aflojó a medio hablar por la pena que yo misma sentía por mí—. ¡Oh, no no no no! ¡Disculpa! Se me olvida que la felicidad ha hecho fiesta en mi vida y me ha dejado una ristra de bendiciones a tu nombre. —No me lo tienes que decir, fui una ignorante, atrevida, descarada; y todavía es la hora que le sigo implorando a Dios por el perdón de mis pecados.

Con ese sarcasmo, que con la mayor falta de respeto me gasté con el Padre, le demostré a Él que mi esposo y yo estábamos cortados con la misma tijera[21]. Entonces, entendí que no estaba en posición de señalar; por el contrario, era el momento justo de darle paso a la resignación. De inmediato, me reprendí:

—¡Calla, boca! ¡Calla! —Estaba temerosamente condenada. Ahora sí que estaba condenada en serio. Cómo iba a merecer la bendición de Dios, que es lo más sagrado que tengo, si me presenté en su casa para faltarle el respeto a ella y a Él.

—Diosito, perdón. ¿Pero por qué a mí? ¿Qué he hecho mal para merecer tanto? ¿Qué más me puede pasar, dime? ¿Qué más? —le pregunté eso bravita, pero con un miedo…; porque ya no sabía qué más me podía pasar y, mucho menos, si lo iba a aguantar.

—Solo tú, Señor, conoces mis pesares. —Había tocado fondo y lo sabía. Estaba desesperanzada. Me atreví a hacer un escándalo en el lugar menos indicado y arremetí contra el dueño de mi vida.

—Perdón, Dios mio; pero no puedo pensar de otra manera cuando estoy segura de que el denominador común de todas mis desdichas tiene nombre y apellido: que el gran error SOY YO. Por favor, no me culpes por ser imperfecta a la perfección. No, no lo hagas te lo pido. No…

Alguien, cual si fuera un salvador, abrió las puertas de la capilla. Por su presencia, busqué reponerme de inmediato para no privarlo de lo que fuera que estuviera buscando en ese lugar de gracia indefinida y de espacio bastante limitado. Eso sí, aunque lo intenté, no pude detener el llanto y tampoco dejar de hablar en voz baja. Necesitaba ser escuchada por mi Dios Todopoderoso.

A pesar de que nunca, jamás, fue mi intención me dio con seguir reclamándole al mismo Dios:

—¿Por qué? Dime por qué, Dios mio; y te dejo de molestar. Dime por qué las cosas con aquella bebé que anunció la llegada de la felicidad a la familia no resultaron según lo esperado. —Es que no sabes, fue papi el que se antojó de ponerme mi nombre por una danza hermosísima de finales de los ochenta que un cantante, que también llevaba su nombre, le escribió a su hija. Hoy día la escucho, y no puedo evitar que se remueva todo en mí.

—¿Qué pasó entre papi y yo, Diosito? —cómo el tono de mi llanto no iba a cambiar en momentos en los que recordaba que mi primera relación con un hombre había fallado muy temprano, en los primeros años de mi vida.

—Na nananana… —Juro que puedo pasar horas tarareando esa canción, y sé que no voy a encontrar odio o resentimiento en esas melodías que son tan reconocidas por mí en cualquier lugar que las escuche. Sea como sea, no importa cómo se encuentre la relación entre nosotros, esa danza siempre será dulce para mis oídos. El nudo con el que nos ha atado el Padre Celestial jamás se deshará; así lo declaro. Esto fue, es y seguirá siendo así nos guste o no.

—¿Por qué papi volcaba toda su furia contra mí? No es posible que el hecho de que dos jueyes machos no quepan en la misma cueva, como dice la gente por ahí, tenga tanto poder como para destruir una relación de este tipo.

Pero cambiando bruscamente de tema, mi llegada a la familia trajo cola[22].

—¿Qué pasó con el matrimonio de mis padres? Esa es otra espinita que traigo aquí, bien espetaíta[23] en el corazón; y, como siempre, sospecho que algo tengo que ver con eso. Pero por qué, por qué yo, y por qué a mí. ¡Uuum! Lo habré echado a perder con mis ocurrencias que no fueron poca cosa. Ellos mismos pueden dar fe de eso.

—¿Qué pasó con mis quince? Al parecer que dejé de ser tan importante para mi familia como para que no me los festejaran por todo lo alto. ¿Pero por qué?

Será que mi hermana mayor se me adelantó y les robó el corazón a todos. ¿Será? ¡No sé...!

—¿Qué pasó con mi primera pareja? —Pues te cuento el bochinche, es que era mala. Era una adolescente muy mala porque quería cosas diferentes a las que quería el veinteañero. Era muy mala con ese muchacho y no estaba a su altura.

—¿Qué pasó con la pesadilla de los cuatro puntos en la escuela? ¿Le habré dedicado más tiempo al vacilón que al aprendizaje? Puede que sí, y qué; si como quiera me gradué. No entiendo cuál pudo haber sido el problema. Y lo siento por mis padres que me querían ver el cuello forra'o[24] de medallas al igual que mi hermana y por los maestros que por fastidiar la pita[25] me querían hacer repetir el año. Tanto que batallaron conmigo..., la mayoría de las veces a regañadientes, y lo más significativo me lo enseñó la vida a cantazo limpio fuera de la escuela; así que se olviden de llevarse el crédito con esta que está aquí despotricando contra ellos y el sistema.

—¿Qué pasó con mi próxima relación, en la que ya llevaba años? —Eso me marcó feo. De entrada, te diré que aburrí a mi marido con la monotonía. «¿¡En serio?!». No fui la mujer que él esperaba. «¡Bendito, pobre hombre!». Por eso nos abandonó, a nuestra hija mayor y a mí, y se refugió en los brazos de Judas, mi mejor amiga, que con su traición me demostró que no me llegaba ni a los talones.

—¿Qué pasó con la segunda oportunidad que le di…? ¿Qué pasó con «Yo, Fulano, te acepto a ti»? ¡Tanta babosería para qué! ¿Por qué me ilusionó así? ¿Por qué? ¿Será que lo entendió todo al revés?: «Yo, Fulano, no te acepto a ti, Fulana, como mi esposa. Te prometo serte infiel en la prosperidad y en la adversidad, en la salud y en la enfermedad. Y eso de amarte y respetarte, JAMÁS».

—¿Qué pasó con ese juramento? —Seguramente se lo pasó por donde no le dio el sol, y créeme que no me di cuenta cuando lo hizo.

—¿Qué pasó con la ilusión que tenía él con mi segundo embarazo? ¿Con la llegada del nene de la casa? ¿Con el que creía que se metería en los parques a jugar pelota? —Te lo cuento en las próximas líneas.

Sencillo, se desbordó tanto en atenciones con la preñá[26] de mi amiga que no le quedó tiempo y mucho menos dinero ni para mí ni para mis hijos.

Mira, fíjate tú: la llevaba a las citas médicas como si fuera un calendario viviente, le complacía los antojos, le regalaba detalles para el bebé —que todavía es la hora que él jura y perjura que no es de él—, le hacía compañía donde quiera que estuviera, y solo Dios sabrá qué otras cosas más le hacía en mi ausencia. Y yo preñá en la casa, cargando en mi vientre a una nueva vida que parecía no importarle.

Después el fresco tenía el descaro de ir a la casa de papi y mami para quejarse con ellos por los zapatos con taco que me hacía volar por toda la casa para clavárselos bien clava'os[27] y hacerlo entender a como dé lugar mi malestar porque con el tipito ese no había otra forma más civilizada de tratar nuestros asuntos.

—¿Qué pasó con él y mi familia? —Ya lo verás.

El amor que sentía por él me dejó literalmente sin el sentido de la vista. Eso hizo que mi familia jugara a ser Jesús para abrirme los ojos. Tanto que me decían: «Fulanita, ten cuidado con Fulanito[28]». ¡Qué coraje! Él tan egoísta y yo tan ciega.

Mira si estaba tan ciega que no sabía que le pedía por adelantado el sueldo a mi jefa; desde luego que para gastarlo en los gustos que con el de él no se podía dar. Seguramente como me quedé yo cuando me enteré de esa poca vergüenza de su parte te estás quedando tú en este momento por lo que te acabo de contar. Cierra la boca, te aseguro que no vale la pena que se te meta una mosca en la cavidad oral a cuenta del chanchullero ese.

¿A que esa no la viste venir? Yo tampoco.

Lo mismo pasaba con el dinero que se ganaba supuestamente y que con el sudor de la frente[29]; se lo echaba todito encima. Pelagato[30] al fin, y mis hijos y yo pasando trabajo y necesidades. Pero eso era algo que no podía ver, no lo quería ver. Así de mucho decía quererme el muy imbécil, y yo tan zángana creyéndome la cantaleta de pela'o[31] del VIVIDOR DE ALTO RENDIMIENTO.

Entre una cosa y otra mi familia seguía sufriendo porque yo por testaruda me negaba a abrir los ojos.

Fui tan necia, por no decir estúpida, que preferí defender las manías de un hombre que claramente se creía el centro del universo; en lugar de valorar lo que, a bien todos, menos él, se atrevían a hacer por mí. Así de sucio es como la vida se las puede jugar a uno. En esta, ¡TOMA NOTA!

—¿Qué pasó con la llegada de nuestro bebé con la que esperaba que se arreglara todo entre nosotros? —Imagínatelo.

Que terminó siendo la falacia de la que tanto escuché, y se convirtió en la salida fácil de la relación. Sí, mija[32]; así como lo oyes. Su excusa para no cuidar del bebé ni de mí en el hospital antes, durante y después del parto fue su trabajo y su fe. Su excusa para no continuar a cargo de nuestro cuidado en la casa después de salir del hospital fue su trabajo y su fe. Su excusa para no acompañarnos en los primeros días de la maternidad fue su trabajo y su fe.

Se pasaba, «según él», en el trabajo y después en la iglesia; y según él entre comillas porque el millaje del auto, el tanque de la gasolina y los recibos de compra en los bolsillos del pantalón decían otra cosa.

En el trabajo era en donde me daba la puñalada y a la iglesia era a donde iba a limpiar los pecados del día; y yo tan ingenua que lo hacía devoto del Padre.

«¿Un hombre que predica la palabra de Dios andando en esas?», no me lo preguntes como si no lo creyeras... Te sorprenderían las barbaridades que comete el hombre en el nombre de Dios.

Entre esas puercás[33], y otras más o menos frustrantes, mi familia seguía viendo lo que yo no era capaz de ver...

—Por qué me volvió a engañar, porque estoy segura de que si llegó hasta aquí para decirme en la cara que ya no me ama es porque de seguro me está engañando con otra. ¡Contra! ¿De nuevo? —Lo único que te puedo decir sobre eso es que, a esas alturas de la relación, ya no quedaba ni rastro de quien era él, de quien era la persona que conocí y me enamoró, de quien era la persona a la que le confié a mis hijos.

—¿Por qué me siguen pasando todas estas cosas a mí? ¿Por qué? ¿Por qué a mí? No lo entiendo, Dios mio; ¿y ahora esto? Por favor, dime: ¿Por qué a mí?

El desconocido que abrió las puertas de la capilla se había sentado detrás de mí. Te voy a ser sincera, no me dio con fijarme en él. Estaba tan metida en mi asunto que no me volteé para verlo. Lo único que sé acerca de ese sujeto es que era un hombre, y lo sé porque su voz lo delató cuando habló.

En medio de tanto dolor, preferí hacer pasar a ese hombre por mi Dios. Un Dios que cuando escuchó el último de mis reclamos me tocó el hombro a mis espaldas. Lo hizo con una ternura que me hizo sentir estar en la vida prometida después de la muerte; justo donde quería estar en ese momento de tanta angustia.

Su gesto pacífico activó mi mirada y la subí, y la clavé en el Santísimo como lo hicieron los hombres con los clavos a su cruz; y esa falta de compasión de parte de ellos y de mi parte con el primogénito de la Virgen Santísima me obligó a pensar en otra persona que no fuera yo.

Le di vueltas en mi cabeza al camino tortuoso que tuvo que recorrer Jesús por la Tierra para ser reconocido ante los hombres como el Hijo del Padre.

—Heroica la manera en la que marcaste tus pisadas en ese camino que además se las jugó contigo de pantano —dije murmurando cuando comencé a conversar con Él—. Enséñame a resistir como lo hiciste tú, humildemente te lo pido —confié de nuevo mi fe en el Señor—. De ninguna manera pretendo dejar huellas en cada corazón humano, solo pretendo resistir a tu santa voluntad.

Por el vivo ejemplo que tenía ante mí comprendí que mi situación y yo no éramos mayores a Jesús y su situación; y que, de paso, una comparación de ese tipo era otro atrevimiento de mi parte.

Otra vez me desmelené del llanto sin reparo. Parecía una Magdalena. Solo me faltaban sus ropas.

Amiga, nunca dejé de llorar…

La incontenible desesperación por aferrarme a alguien que alentara mis esperanzas, que me ayudara a reivindicar mi fe, me llevó a cogerle con confianza la mano a ese señor, que, insisto, no había visto, y se la besé como una hija a su Padre.

El regocijo que sentí a consecuencia de ese gesto que en mi vida pensé tener con alguien me motivó sin reservas a doblar el cuello hacia la derecha para abrazar con ternura a esa mano amiga con oídos sedientos de escuchar mi pena y con el corazón dispuesto a ser azotado por los vientos de una tormenta que no le pertenecía y que seguía haciendo estragos en mí.

Con una paz que solo podía venir de Dios, y que fue anunciada en su hablar, me preguntó:

—Y por qué a ti no, ¿te lo has preguntado? —Asentí con la cabeza mientras él concluyó la conversación con una invitación que no esperé—: Vamos, desahógate. No hay limpieza más apremiante que la que demanda el interior. Aunque de hacerlo, procura que sea con mesura; ya son demasiados los gatillos que a diario se halan por impulso ocasionando heridas que nunca sanarán.

NOTAS

y aquí unas cuantas notas
para que nos podamos entender

...

1. El término «pendejá» es lo mismo que «pendejada».
2. El término «na'» es lo mismo que «nada».
3. La expresión coloquial «me tenía hasta la coronilla» es lo mismo que decir «me tenía harta».
4. La expresión coloquial «chavá manía» se utiliza en este contexto para referirse a la manía que es fastidiosa o indeseable.
5. La expresión coloquial «me dejaron hacer fiesta» es lo mismo que decir «me dejaron hacer lo que quise».
6. La frase «ese hospital que se curaba en salud» es lo mismo que decir «ese hospital que prevenía alguna situación o algún mal».
7. La expresión coloquial «me importan un pito» se refiere a la falta de importancia de parte de alguien sobre algo.
8. La frase «se hacen las de la vista larga» se refiere en este contexto al acto de ignorar lo que se percibe.
9. La expresión coloquial «me dejó con el ojo cuadrado» es lo mismo que decir en este contexto «me dejó sorprendida».
10. El término «lindín» se utiliza para referirse a un hombre que cree tener buen aspecto físico, cuando no necesariamente es así.
11. La frase «barba a lo *fade*» se refiere a la barba de estilo desvanecido.
12. El término «ajustaíta» es lo mismo que «ajustadita».
13. El término en inglés «*look*» se refiere a «estilo».
14. La expresión coloquial «perro faldero» se refiere a una persona que sigue a otra por miedo a tomar su propio camino o por mera dependencia emocional.
15. La expresión coloquial «a otro perro con ese hueso» es lo mismo que decir «a otra persona con ese cuento».
16. La expresión coloquial «peste a guapo» se refiere a una actitud brava o jaquetona.

17. La frase «dos caras» se refiere a una persona con doble personalidad o hipócrita.
18. El término «cojones» se refiere en este contexto a «valentía».
19. La expresión coloquial «en la punta de la lengua» se refiere en este contexto a que estaba a punto de decir algo esperado.
20. La expresión coloquial «loca como una cabra» hace referencia a una persona que actúa con desquicio o desequilibrio.
21. La expresión coloquial «cortados con la misma tijera» quiere decir que dos personas son iguales.
22. La frase «trajo cola» es lo mismo que decir que trajo consecuencias o repercusiones.
23. El término «espetaíta» es lo mismo que «espetadita».
24. El término «forra'o» es lo mismo que «forrado».
25. La expresión coloquial «fastidiar la pita» se refiere a molestar.
26. El término «preñá» es lo mismo que «preñada».
27. El término «clava'os» es lo mismo que «clavados».
28. El término «fulanito/a» se utiliza para aludir a una persona de la que no se conoce su nombre o no se quiere mencionar por algún motivo en particular.
29. La frase «con el sudor de su frente» es lo mismo que decir «con el sudor de su trabajo o esfuerzo».
30. La palabra «pelagato» es un término despectivo que se utiliza para referirse a un hombre que no tiene nada y se cree gran cosa.
31. El término «pela'o» es lo mismo que «pelado».
32. El término «mija» se utiliza para referirse a una mujer de manera peculiar.
33. El término «puercás» es lo mismo que pocas vergüenzas.

TRABAJEMOS JUNTAS
en *el lazo que nos une*

...

Liberación emocional

La invitación que le hizo el extraño que entró a la capilla en la que se encontraba la protagonista de esta historia exteriorizando todo su dolor, de alguna manera, le sirvió a esta para comprender que en ocasiones es necesario abrirle las puertas de la liberación a las emociones para dejar salir de nuestro interior todo lo contraproducente que llevamos dentro.

Esta reacción en sí misma es una respuesta natural demandada por nuestra psiquis para provocar estabilidad respecto a las emociones. Sin embargo, la misma requiere de la mediación de la llamada *inteligencia emocional*, la cual exige que seamos conscientes de las emociones propias y de otros a fin de regularlas o manejarlas en beneficio de la salud mental; sobre todo. Este tipo de inteligencia también tiene que ver con las habilidades sociales que propician las relaciones interpersonales efectivas, cualidad muy bien exhibida en el hombre que le sirvió de apoyo a Misma.

¡Oye! Somos seres humanos. Por supuesto que de tanto aguantar vamos a estallar, pero cómo lo hagamos va a hacer la diferencia para evitar herirnos o herir a otros. Es por esto por lo que entusiasmada te invito a que de ahora en adelante te permitas experimentar tus emociones con libertad. Por ningún motivo las reprimas, así no acumularás aflicción para una inminente detonación. En el proceso, recuerda valorar y practicar la prudencia como cualquier otra virtud.

➤ EJERCICIO

Salpicado de liberación emocional

➤ OBJETIVO

Practicar una sana descarga interna por medio de la técnica del salpicado de pintura en vías de estar en condiciones emocionales aptas para continuar trabajando en el alcance de tu crecimiento humano óptimo desde el emprendimiento personal.

➤ MATERIALES

1. Papel de estraza color blanco
2. Cinta adhesiva
3. Pintura de colores asociados con lo negativo.
4. Brochas, pinceles o palos de madera.
5. Plástico
6. Gafas protectoras
7. Cámara e impresora.

📝 **NOTA:** En caso de no contar con los materiales sugeridos, considera que puedes adaptar el ejercicio de acuerdo con los recursos que tengas disponibles.

➚INSTRUCCIONES

Selecciona un espacio de absoluta calma y total privacidad; puede ser al aire libre. Prepáralo tal cual si fuera un estudio de arte. Para esto, consigue papel de estraza color blanco y de un tamaño que exceda tu estatura. Este tamaño te creará la impresión de que estás ante una lucha que te obligará a hacerle frente, defenderte y dar lo mejor de ti.

Asimismo, consigue pintura de colores que asocies con lo negativo, brochas, pinceles o palos de madera. Luego, protege con plástico el área que vayas a utilizar para realizar esta actividad. De la misma manera, cubre tus ojos con gafas protectoras y utiliza una vestimenta que puedas estropear con pintura.

Pon música que invite a liberar emociones. Pega el papel con cinta adhesiva; preferentemente sobre una pared. Párate confiada y con comodidad frente a él. Solo cuando estés lista para liberar emociones, comienza a tirar pintura con la brocha, el pincel o el palo de madera. Haz esto de manera indiscriminada sobre el papel de estraza. Mientras lo estés haciendo, trae a tu mente todo lo que cargas, pesa y duele. En fin, todo de lo que te quieras deshacer.

El propósito de este ejercicio es san*arte*, y su resultado evidenciará tu capacidad para exteriorizar emociones de la manera esperada: de manera saludable. Contempla el mismo en actitud de agradecimiento por el aprendizaje ganado. —No pongas cara de «¡¿Qué?!», porque sabes muy bien que del dolor también se aprende, y este también es un motivo para agradecer—. Después de hacerlo, rompe el papel en pedazos y deposítalo en el zafacón recordando que en tu vida solo tú decides qué y cuánto aguantar, así como qué cargar o desechar a la basura.

ⓘ **IMPORTANTE:** Tómale una foto al ejercicio y pégala en el espacio provisto en la próxima página, así podrás documentar el trabajo que has realizado para alcanzar el crecimiento humano óptimo desde el emprendimiento personal.

MI EJERCICIO EN UNA FOTO
pega aquí una foto *del ejercicio completado*

ENTRE MIS PENSAMIENTOS Y YO
anota aquí tus reflexiones *sobre el capítulo*

_____
_____
_____
_____
_____
_____
_____
_____
_____
_____
_____
_____
_____
_____
_____
_____
_____
_____
_____
_____
_____
_____
_____

ENTRE MIS PENSAMIENTOS Y YO
anota aquí tus reflexiones *sobre el capítulo*

ENTRE MIS PENSAMIENTOS Y YO
anota aquí tus reflexiones *sobre el capítulo*

¿Reprimir o *liberar*?

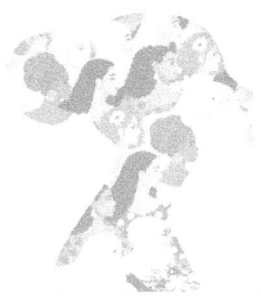

«Aprendan a convivir. Es tiempo de unirnos y no sentir envidia las unas a las otras porque todas somos iguales. ¡Todas somos una!».

. . .

Daiana Lorén Camacho Rivera
Estudiante de noveno grado de intermedia,
amante de las bellas artes.
—14 años—

↗Planta una semilla,
cuídala y hazla crecer.

. . .

AMOR PROPIO
en verso

...

Me llegó el momento
de cambiar de casa.
Construiré nuevos techos
donde crezca mi alma.
Diseñaré ventanas
que amplíen mi mirada.
Colocaré en las puertas
cerrojos de hierro
para que nadie entre
a cortar mis alas.

3

AMOR PROPIO

Quererme a mí misma es signo
de madurez emocional.

...

Me miraba en el espejo y, como que de momento, no reconocía lo que veía en él. No reconocía mi reflejo que como poco estaba puñeteramente cansado. ¡Sí, cansado; pero lo que se dice puñeteeeramente cansado! Cansado y desmejorado por sufrir tanto y en tantos sentidos. Cansado hasta el hastío por querer y no querer llorar, las dos malditas cosas al mismo tiempo.

De nuevo, te aseguro que no reconocía mi reflejo puñeteramente cansado. Estaba consternada por eso. Solo reconocía la burla de mi desdicha en la profundidad y en la tonalidad indeseable de las ojeras que resaltaban en él. Te juro que lo que no reconocía en el espejo estaba puñeteramente cansado.

No, no reconocía mi reflejo puñeteramente cansado. No tenía ni siquiera una pista que me diera indicios de sospechar por dónde andaba su mirada que también era la mía. Debí haber estado bien mal como para no dar con ella al mirarme en el espejo.

Verdad qué incómodo es sentirse así, desubicada; y más cuando es a uno a quien se le ocurre provocar semejante momento acomodándose en la cama en posición fetal frente al que engañosamente dicen que no miente en lugar de irse a dar una ducha de larga duración luego de haber tenido un día de perros[1] como el que tuve yo ese día.

Pero nada… Déjame dejar la lloraéra[2] que esto pudo haber sido peor que haberme arreglado con un esmero cabrón en horas de la madrugada para solo causar la mejor de las impresiones al llegar a la cita más indeseable de mi vida en la que tuve que transar con un divorcio por «falso acuerdo mutuo», con tal de no seguir revolcándome en la misma mierda[3].

Mira que hasta el contable me lo advirtió cuando le hice la consulta antes de empatarme con semejante espécimen: «Yo en tu lugar no me esmeraría por superar la crisis que se les va a venir encima cuando estén por llegar al séptimo aniversario como les ocurre a todas las parejas. Si cuando cumplan los seis se van a dar cuenta de que en lo que se metieron es sucio difícil. ¡Que qué quieres que te diga de los cinco!, que ni de ellos se van a acordar. ¡Imagínate de los cuatro! ¿Quién se acuerda de los invisibles cuatro? Y aunque tres te puedan parecer poco, no te dejes engañar; mejor considera el asunto en cifras. Es por esto que te recomiendo que mejor vayas pensando en un número más conservador como el dos para que te decidas por el uno; y, cuidado, en ocasiones es más rentable considerar los asuntos contractuales como el matrimonio en términos mensuales».

Pero no, allá fue la Misma[4] y le hizo gastar saliva al contable para terminar tirándose de pecho a gastar siete años de su vida como si estos se pudieran recuperar como por arte de magia.

¡Óyeme bien! Nada. ¡NADA! Nada te salva de los estragos de un divorcio que a tu entender no terminó por las razones adecuadas. Nada te salva de esos estragos. Acuérdate de esto que te digo: «No hay intentos infalibles para salir airoso de un divorcio».

Nada, nada te salva de eso. Ni el pelo planchado con un ligero olor a un aroma irresistible para dejar aires de diva por los pasillos del tribunal.

Nada, nada te salva de eso. Ni el maquillaje carísimo por el que empeñarás el diamante de bodas por aquello de disimular las imperfecciones de la cara, las cuales el imbécil ese en un principio elogió.

Nada, nada te salva de eso. Ni la vestimenta ceñida que te pondrás con elegancia para resaltar los atributos del cuerpo con el propósito de engañar al desgraciado haciéndole creer que te sometiste a una cirugía durante uno de esos viajes fantasmas que inventaste hacer a Colombia.

Nada, nada te salva de eso. Ni la lencería de diseñador que considerarás ponerte con la intención de estilizar tu silueta tanto que parecerá que se te borraron del mapa los chichos[5] de las tetas, la panza y las nalgas.

Nada, nada te salva de eso. Ni los tacos de última moda con los que intentarás meterle mulos a la atrevida que decía ser tu mejor amiga y que acompañará a la cita a la cara de lechuga[6] del que te divorciarás y que puedo jurar que te dirá: «Ella es solo una buena amiga». ¡Charlatán! Pero más charlatana será ella que a sabiendas de que no se atreverá a darte la cara, lo acompañará como quiera al tribunal para acumular puntos con él. No olvides que desde hace tiempo se lo llevó enreda'o[7] y ahora teme a que venga otra y le haga lo mismo que ella te hizo a ti.

Nada, nada te salva de eso. Ni hacerte la invencible en la corte por varias horas delante del juez, de los abogados, de los alguaciles, incluso, delante de la basura de tu marido. En un punto y aparte: «Perdón basura por haberte ofendido».

Nada, nada te salva de eso. Ni siquiera la cena que aceptarás con las muelas de atrás[8] con el que será tu exesposo por aquello de aparentar ante él estar feliz como una lombriz por el fin de un matrimonio que solo tú creías que era para toda la vida.

Nada, nada te salva de eso…

Me sentía asquerosamente desmoralizada por el divorcio y culpable por manchar la almohada con un sufrimiento que sabía que lo iba a catalogar como vano después de un tiempo. Me refiero a que sabía que un día recordaría ese momento y diría: «Tanto que lo sufrí, y ahora ni lo siento ni lo padezco[9]».

Es que me volvía a mirar en el espejo y no reconocía mi reflejo puñeteramente cansado. Perdona que insista, pero es que no lo reconocía.

En el mayor de mis intentos por reconocer lo que veía puñeteramente cansado en el espejo obligué a la razón a invertir los papeles en la fallida relación: «Si yo hubiera estado en el lugar de la persona a la que amé, no hubiese engañado ni herido como ella lo hizo. Por el contrario, hubiera sido honesta y hubiese enfrentado la situación con una ruptura madura».

Acepto que no gané nada con hacer eso.

No sé cómo fui capaz de olvidar que yo no era él y él no era yo, por lo que nunca debí esperar un detalle significativo de su parte: un beso con el que me diera los «buenos días», una llamada para preguntar «cómo estás», una cena muy burbujeante por medio de la cual me comunicara su amor por mí o una de sus manos paseándose por mi trasero al acostarnos a dormir para dejarme saber que todavía me deseaba.

El agobio por el jueguito sin sentido que tenía el espejo conmigo me hizo mandar pal[10] carajo los pensamientos que me amenazaban con la llegada de más pena y lástima por mí. Ya estaba aborrecía, de eso y de todo lo que pudiera asociar con la tristeza. Pero, a diferencia de mí, al parecer que a mi corazón le quedaba fuerza de voluntad para persistir porque sentí cuando se fue en alzada ante la razón para que pudiera verme de una manera insospechada en ese espejo al que ya le estaba cogiendo repelillo[11].

—Contra... ¡Cómo no me había dado cuenta de esto! ¿Acaso será que sostengo una seria relación de dependencia emocional con este espejo alto y de bordes desgastados que recosté hace tiempo aquí, en una de las esquinas de mi desordenada habitación? —me pregunté de pronto, como si no fuera yo.

Según lo que recuerdo valoraba más la percepción que ese trapo de espejo tenía sobre mi persona que cualquier otra cosa. Cuán bien o mal lucía, a mi juicio manipulado, dependía a diario de la respuesta que me daba el dichoso «espejito mágico». Es que era tan ignorante, que te voy a confesar lo que me daba por decir cuando me paraba frente a él para que te rías un ratito de mis ocurrencias: «Espejito espejito, ¿quién es la mujer más hermosa de la ciudad?».

Bueno, para qué mentir...

La verdad es que no lo verbalizaba así como te lo estoy contando, pero lo pensaba. Se trataba de una mala costumbre. Se trataba de algo que comienzas a hacer sin darte cuenta y, así mismo, sin darte cuenta, se convierte en eso; porque por qué le tenía que hacer preguntas al espejo. ¡A la verdad que tenía un tornillo suelto[12]! Y que espejito espejito… ¡Ja, ja, ja, ja!

Dejé la cama a mis espaldas cuando me puse de pie y me paré frente al espejo para mirarme como era mi costumbre hacer antes de salir a la calle. Sin sospechar lo que ocurriría una de mis lágrimas cayó al suelo. De la nada, como si hubiera sido víctima de un repentino empujón.

Aunque no estoy segura, creo que eso se debió a un accidente en mi interior. Al parecer, a mi corazón le dio por encarar la pérdida de un sentimiento que no aguantó más el sufrimiento y se dejó caer al vacío para terminar con él. Desde luego que tal eventualidad tuvo su efecto en cadena sobre mí, que hasta hace poco me veía en el espejo como en un día cualquiera.

A la hora en punto en la que la luz del sol se intensificó me sentí tentada por la curiosidad a tocar mi rostro en el espejo como una cachorra indefensa, y no como la fiera que aparentaba ser ante todos con los que irónicamente no tenía por qué serlo. Por primera vez me iba a dar la oportunidad de explorarlo a conciencia, utilizando como cómplice al dedo índice para trazar las partes más notables de mi ser.

Como toda una aventurera, aunque no tenía nada de eso, me lancé a iniciar el viaje improvisado delineando con cautela la figura geométrica que formaba mi rostro cuando en él una línea imaginaria unía los cuatro puntos cardinales: un limitado *norte* de mi fuerte personalidad con sentido de correcta dirección, un punitivo *sur* de mi difícil personalidad que se alimentaba del pasado, un escaso *este* de mi agotadora personalidad que trataba a duras penas de iluminar mi camino y un *oeste* de mi incomprensible personalidad que dominaba el lado más oscuro de mis pensamientos. Sin duda, estaba frente a un cuarteto que definía con descaro y sin mi consentimiento la complicada percepción de quien era.

Para mi sorpresa mi reacción al trazo de esa figura geométrica se convirtió en una especie de autorreflexión, la cual inició con un tímido comentario de asombro que fue apoyado por un volumen de voz casi imperceptible. Ya, en la eventualidad, terminó siendo una revelación trascendental.

—No hay dos rostros como el mío…, así la madre que me parió hubiera encargado a dos por el precio de uno —concluí realmente convencida, después de que muchos de los rostros de conocidos y desconocidos vinieran a mi mente con la intención de confabular a favor de la determinación que había acabado de tomar sobre mi rostro.

De alguna manera, los segundos que les siguieron a ese comentario me hicieron sentir que lo que estaba haciendo no tenía sentido; pero, en lugar de detener la travesía que recién iniciaba con mucha incertidumbre, me dio por pensar como lo hace la gente que es optimista: «El propósito de andar un camino es avanzar». Y eso fue lo que hice, sin dejar que otro pensamiento menos alentador influenciara mi decisión.

Luego de que mi rostro me presentara los aparentes rasgos de mi personalidad continué con mi viaje de exploración hacia los ojos. Jamás imaginé que fueran ellos los que me harían conocer un miedo tan retorcido, capaz de provocarme un fuerte golpe en el corazón y un enorme vacío en la boca del estómago de mis nervios. ¡Ese dúo sí que se las traía! Se prestó para esconder por años la verdad que se encontraba danzando en él al desnudo.

Para salir al paso de los recuerdos que no podía dejar de ver proyectados en mis ojos me comencé a preguntar sin titubeos:

—¿Quién me verá mejor que yo…? —Y hasta llegué a pensar en la posibilidad de que fuera el lobo, pero sabía que ni él con todo y ojos grandes me vería como solo podía hacerlo yo—. ¡Nadie! —respondí cuando lo entendí.

Y en poco tiempo, el viaje continuó su rumbo hacia las empinadas montañas de mi rostro que siempre resaltaba con un rubor que le era fiel al color natural de mis labios.

—¿Quién realmente se sonrojará por mí mejor que yo como lo hago cuando me miro en el espejo, o me veo en una foto, en un video? De seguro, nadie —contesté, y por aquello de no perder la maña con la coquetería me hice un guiño.

Como comprenderás, no pude evitar sonrojarme por ese gesto puramente espontáneo y, antes de que se me pusiera la piel de gallina[13], mi dedo índice hizo una parada en la nariz.

—¿Quién percibirá el olor de mi esencia de mujer mejor que yo? Es claro que nadie —denuncié sin reparos por recordar que ningún hombre se acercó a mí con la suficiente delicadeza con la que hubiera querido que lo hicieran para que al menos alguno de ellos quedara cautivado por el olor de mis feromonas.

El disfrute de un peculiar respiro entre lo sereno y profundo me convenció de que era capaz de incitar a cualquiera a desear más de todo lo que mi feminidad podía ofrecer, por lo que a mi dedo excitado por la vivencia senxual[14] que se estaba recreando en mi imaginación pícara le dio con seguir el rumbo al que lo incitaba a adentrarse el borde sugestivo de mis labios. No me había percatado, pero a este punto del viaje estaba absorta disfrutando de un incontenible amorío conmigo misma.

—¿Quién besará a mi alma mejor que yo? Ya sé, nadie —dije con el pulso agitado…

Ya para ese entonces estaba entendiendo de qué se trataba todo el asunto relacionado con la rarísima experiencia que estaba teniendo con la totalidad de mi yo en uno de los tantos atardeceres de la renovada primavera mientras seguía disfrutando con gusto los placeres que me demandaba mi inconsciente desinhibido.

El viaje que inicié en el rostro terminó en un par de oídos que al parecer no funcionaban bien, «al parecer». Eran selectivamente sordos. Solo se prestaban para escuchar lo que querían oír. Pero como yo no era capaz de darme cuenta de esa actitud que acostumbraba a asumir, y que, dicho sea de paso, me limitaba en muchísimos sentidos, me pregunté como si conmigo no fuera la cosa:

—¿Qué oídos escucharán a mis necesidades mejor que yo…? Ningunos, ningunos. No hay persona que pueda satisfacer las necesidades de dos.

Como pocas veces lo había hecho, me detuve a pensar en lo consistente que había sido al responder a mis preguntas. Eso me llamó la atención. Muy a mi pesar me consideraba la reina de la inseguridad y, como consecuencia, de la contradicción. No había duda, algo en mí estaba cambiando…

No, la realidad era que ya no era necesario que se siguieran suscitando más confrontaciones ante el espejo para entender que la matemática del creador no había fallado en el diseño de mis rasgos físicos; de manera que me llamé fuertemente la atención como si se tratara de otra persona. De una a la que hubiera visto actuar cientos de veces con un mal agradecimiento de enfadar, de no dejarlo pasar por alto y de gritarle a la cara sin morderme la lengua:

—Coño, ¡qué terca has sido! —En ese momento no pude contener el llanto. Eso ya no era posible. Al menos, no para mis ojos.

A pesar del sabor desagradable que comenzaba a coger el momento agradecí el viaje al que me habían invitado mis sentidos. Cómo no lo iba a hacer, si hasta me premió con el descubrimiento de una que otra peca y de unos cuantos lunares esparcidos sobre mi piel que no vi nacer y que se durmieron con la esperanza de que me fijara en ellos alguna vez.

Los detalles como esos que solo el Creador pudo tener conmigo despertaron en mí las ganas de seguir, razón por la cual me presté a retomar el viaje que hasta hace poco pensé que había llegado a su fin.

Un delicado desliz en continuo entre mi cabeza y mi torso me sacudió la piel, cual si del tirón de una sábana de seda se tratara. Por primera vez percibí el poder que tenían mis manos para acariciar con sutileza las partes más áridas de mí. Y me dejé llevar. En menos nada, llegué al costado izquierdo y me detuve ahí: en donde nacen y mueren los propósitos.

Y recordé, sintiendo compasión de mí, que también era ahí en donde perecía. Y subí la mirada, y de nuevo la fijé sobre mis ojos. Nunca me había resultado tan para pelos[15] como hasta ahora mirarme en el espejo. Aun así, algo de valentía quedaba en mí...

—¡Dios miooo...! —Todavía es la hora que recuerdo el pánico que percibí en el grito que pegó mi conciencia, ocasionando rebotes de eco entre ella y el inconsciente mientras sentía que abandonaba el aquí y el ahora para partir a un destino desconocido que también habitaba dentro de mí.

En un repaso de mi vida, que te puedo asegurar que resultó en tremenda agonía, vi contadas memorias de mi infancia. Aquellas que de verdad me hicieron sonreír. Y en menos nada, tal y como si nada más hubiera vivido, mi repugnante presente hizo acto de presencia en el espejo.

Lo hizo sin pena ninguna y con la clase de crueldad que pone a uno en su sitio de una. Como consecuencia reconocí, casi como si de una bendición se tratara, que los excesos de la soltería que reinaban en mi vida en esos días de puro descontrol no hacían más que hundirme y arrastrarme al abismo junto a los míos.

Sí, léete esta: la libertad que brinda la soltería después de una separación lo único que pretende es probar el control que tienes sobre ti. Así que cuidado con eso. No sea que caigas en la trampa y te dejes engañar por lo bien que se siente vivir sin restricciones. Te garantizo que solo lograrás convertir tu vida en un desastre para luego rehusarte a reconocerlo.

Todo esto lo sé porque lo viví.

Un frenazo de madrugada —que me salvó de estrellarme de frente contra un gigantesco transporte de combustible por quedarme dormida conduciendo luego de salir del festejo y dejar atrás el vacilón— me dejó saber que poco me faltó para que se me hiciera demasiado tarde para rescatar mi vida, o, al menos, lo poco bueno que todavía quedaba de ella.

Nada nada que, en resumen, pocos fueron los instantes de felicidad que viví y que siempre estuvieron empañados por atropellos, insultos, decepciones, carencias, desprecios, muchísimas humillaciones, frustraciones. En cualquier caso, tristemente estropeados por momentos de dolor siempre ocasionados por alguien más. Bueno, al menos, eso era lo que prefería creer para engañarme a mí misma y no hacerme responsable de las consecuencias de mis actos.

Sin embargo, cuando se paseó por mi recuerdo la vivencia más reciente en la que un te amo y una puñalada discreta se convirtieron en uña y mugre me animé a ponerle un alto a ese viaje interno que jamás pensé que haría.

—Me decía «te amo», mientras me engañaba. —Y sentí la primera puñalada como en esos días—. Me decía «te amo», mientras me abandonaba. —La segunda puñalada me hirió de nuevo, un poco más—. Me decía «te amo», mientras me privaba de ser libre. —Una tercera puñalada me hizo sentir como en los tiempos de encierro—. Me decía «te amo», mientras me mentía. —Esa cuarta puñalada me comenzó a desesperar, lo notaba en mi pecho inquieto—. Me decía «te amo», mientras no atendía mis necesidades. —La quinta puñalada me abrió una vieja herida por los recuerdos que vinieron a mi mente de los momentos en los que padecí carencia material y no material, momentos de los que ninguna persona es digna—. Me decía «te amo», mientras me desfalcaba en todos los sentidos. —Esa fue una sexta puñalada que me hizo ver cuando fue que perdí la dignidad—. Me decía «te amo», mientras me declaraba culpable ante toda situación. —Y, finalmente, me sentí gravemente herida por una séptima puñalada que me causó un dolor que me exigió a grandes voces: «¡YA NO MÁS!».

Removí la cabeza varias veces con los ojos cerrados para coger un puñado de aire que me ayudara a retrasar los efectos nefastos del coraje. Entretanto, caminaba sin cordura de un lado a otro. De vez en cuando también me daba con llevar las manos a la frente, no te creas. Cómo no reconocer que sentía que perdía el control, si a fin de cuentas así era.

La frenética reacción al recuerdo de tantos momentos indeseables que se agravaron con lo que había pensado que eran traiciones de parte de otros me duró lo suficiente como para hacer caer un aguacero de lágrimas.

Lloré, lloré, lloré, como si estuviera picando innumerables sacos repletos de cebollas.

Solo cuando a las emociones les dio por hacer el trabajo por mí de apaciguarse un poco me decidí a abrir los ojos con una valentía que daba miedo.

Con la intención de ponerme en mi sitio, me dije muy decepcionada conmigo misma estando todavía frente al espejo:

—La responsable de todo he sido yo. —No tuve piedad de mí—. ¡Sí, YO! —Ahora sí que me condené como la responsable de todo mientras me bebía las lágrimas—. Siempre ha sido así… —terminé por decir con una resignación que como poco fue hiriente.

Es que reconozco que yo nunca me había detenido a indagar en mi dolor como lo hice ese día, esa tarde, en esa habitación frente al espejo. Y por qué, no lo sé. De pronto se me ocurre pensar que siempre miré de afuera hacia adentro.

Tal vez porque desde que lo aprendí, nunca olvidé que la verdad duele. Por eso fue que le hui todos estos años como el diablo a la cruz. Pero, a partir de entonces, no olvido que cuando la enfrentas —como me tocó hacer a mí en ese momento de «prohibido olvidar»— sientes cómo te libera, y esa es la mejor parte de ponerla en práctica contigo misma.

Y así, un poco entrando en razón, un poco gozando de la llegada del sosiego a mi vida, me permití agradecer que el viaje que inicié con subestimación me llevó a un destino seguro.

Ni sospecharías cómo me disfruté el escribir sobre el espejo —que me provocó toda esa liberación, y que solo me había mostrado la versión de mí que a él le convenía— la esquela improvisada de mi simbólica muerte emocional.

Abrí de un tirón la gaveta repleta de maquillajes, metí la mano y agarré con tremenda puntería un lápiz labial color rojo puta pasión para terminar con todo lo que a partir de ese momento se interpusiera en mi camino y me tentara con descarrilar de nuevo a mi vida recién encauzada. Hasta con la mujer que había sido hasta ese entonces estaba dispuesta a terminar a cuenta de lo que fuera. ¿Por qué no? Memorízate esta línea, mamita: «No por tratarse de uno se debe ser más tolerante con nuestra persona».

MI VIEJO *yo*

Aquí yacen los restos de una mujer que lo único que hizo en la vida fue servir de reflejo a quienes la veían, incluso a su espejo, y así se limitó a (sobre) vivir por años.

Por última vez me animé a contemplar al mismo reflejo puñeteramente cansado que, valga la redundancia, me cansé de ver en el espejo y le hice frente con una actitud diferente que me gustó y que se sentía bien.

Con la intención de romper en pedazos a la mujer responsable de todas mis desavenencias, y, obvio, sin pensar en las consecuencias, le di un puño liberador con toda la furia que pudiera haber dentro de mí al reflejo que nunca dejó de presentarse puñeteramente cansado en el espejo.

—¡De ahora en adelante el problema lo vas a cargar tú, si no entiendes que ya no soy más la persona que quieres ver en mí!

Después de la contundente advertencia que lancé al aire y de curarme la herida que con gusto me hice por noquear al «espejito mágico», porque no creas que salí ilesa de esa, le di la espalda con un orgullo envidiable a cada uno de los pedazos de mi viejo yo que dejé regados sobre el suelo con todo el propósito de recordar no convertirme de nuevo en quien era hasta hace un tiempo atrás.

Antes de dar el primer paso que representaría el surgimiento de una nueva yo, me sequé las lágrimas con gallardía para estar en condiciones de proponerle comenzar de nuevo a la única persona que era fundamental para iniciar la vida que estaba a la vuelta de la esquina: A MISMA.

Muy decidida y con una postura erguida, tan erguida como vislumbraba los días que vendrían, tiré la puerta y salí de mi casa bien acompañada, airosa y con paso firme a celebrar dos cosas: el bendito divorcio y el haber entendido por mí misma que la mayoría de mis penas se debían a que nunca me había amado lo suficiente.

¡A Diooos! ¿En algunos países no se celebra hasta la caída de un diente? Entonces, ¿para qué me iba a quedar en la casa vistiendo de luto por el difunto? Si más razón no podía tener mi abuela cuando decía: «¡A llorar pa'[16] maternidad!».

NOTAS

y aquí unas cuantas notas
para que *nos podamos entender*

...

1. La expresión coloquial «día de perros» se refiere en términos simples a un mal día.
2. La expresión coloquial «dejar la lloraéra» es lo mismo que dejar a un lado el lamento.
3. La expresión «no seguir revolcándome en la misma mierda» es parecido a no seguir en lo mismo.
4. El término «Misma» se ha vuelto muy popular en países de habla hispana, se utiliza para referirse a la persona misma.
5. El término «chichos» se refiere a los rollitos de grasa que se forman en ciertas partes del cuerpo.
6. La frase «cara de lechuga» se refiere a una persona que no se abochorna.
7. El término «enreda'o» es lo mismo que «enredado».
8. La expresión coloquial «con las muelas de atrás» se utilizó en este contexto de manera sarcástica, significa reírse con satisfacción.
9. La expresión coloquial «ni lo siento ni lo padezco» se refiere en este contexto a que una persona ya no causa ni una cosa ni la otra.
10. El término «pal» es lo mismo que decir «para el».
11. El término «repelillo» significa en este contexto «cosa».
12. La expresión coloquial «un tornillo suelto» se refiere en este contexto a que ella está loca.
13. La frase «la piel de gallina» se refiere a la piel erizada.
14. El término «senxual» resulta de la combinación inventada de «sensual» y «sexual», se utiliza para referirse a una experiencia en la que se experimentan ambos estados a nivel psicológico.
15. La frase «para pelos» en este contexto es lo mismo que decir «temible».
16. El término «pa'» es lo mismo que «para».

TRABAJEMOS JUNTAS
en *el lazo que nos une*

...

Amor propio

¿Alguna vez te has puesto a pensar que existe la posibilidad de que la mayoría de las situaciones que catalogamos como «desafortunadas» se deban a que, en realidad, como muy bien concluyó en su caso la protagonista de esta historia, nunca nos hemos amado lo suficiente?

El *amor propio*, sin duda, es fundamental en la vida de todo ser humano. De seguro, esto lo habrás escuchado antes. El considerarlo como lo que es, un complejo componente emocional que incide de manera directa sobre nuestro bienestar psicológico, resulta en los cimientos para establecer una relación sólida y saludable primero con nosotras y luego con las personas que nos rodean.

Es por esto por lo que debemos desistir de la idea absurda de dar a otros sin antes darnos lo que necesitamos y merecemos. De ninguna manera veas a este acto como uno egoísta. Este, más bien, es un acto de consideración y generosidad hacia nuestra persona. Resulta de una sana autopercepción, así como de la autoaceptación y del autocuidado; todas de nuestra única y entera responsabilidad.

➤EJERCICIO

Sácale la verdad al *«espejito espejito»*

➤OBJETIVO

Aprender a reconocer, aceptar y valorar al amor propio recurriendo al empleo de la introspección a fin de seguir trabajando en óptimas condiciones para alcanzar el crecimiento humano desde el emprendimiento personal.

➤MATERIALES

1. Espejo
2. Marcador de agua negro, rojo y verde.
3. Cámara e impresora.

NOTA: En caso de no contar con los materiales sugeridos, considera que puedes adaptar el ejercicio de acuerdo con los recursos que tengas disponibles.

➤INSTRUCCIONES

Párate frente al espejo en tu espacio de privacidad. Con un marcador de agua color negro, divídelo por la mitad de manera vertical. Contempla a través de su mitad izquierda todo tu ser.

Observa con detenimiento tu físico, tu cuerpo, los detalles de tu piel. Reflexiona: ¿Qué ves? Haz breves anotaciones sobre esta reflexión con el marcador de agua color negro en la mitad derecha del espejo.

Ahora, adéntrate en tu mirada. Deja que tus pensamientos hablen por ti; así como tus motivaciones, tus emociones, tu carácter y tu personalidad. Reflexiona: ¿Qué te dicen? Repite el ejercicio de las anotaciones en la mitad derecha del espejo.

Finalmente, mírate como lo que eres: un ser humano. Reflexiona: ¿Qué piensas de él? Vuelve a hacer las anotaciones correspondientes en el lado designado del mismo espejo.

¿Ya completaste las instrucciones anteriores?

En este momento, préstales mucha atención a todas las anotaciones que hiciste a lo largo del ejercicio. Con el marcador de agua color rojo, tacha con una X toda anotación que no realce tus cualidades o atributos como ser humano. Con el marcador de agua color verde, circula toda anotación que por el contario los realce.

Repasa detenidamente en esta ocasión las anotaciones que circulaste con el marcador de agua color verde. Reflexiona: ¿Qué te hacen sentir? Conserva estas anotaciones en tu mente y corazón, así sean pocas.

Procura que, de ahora en adelante, estas sean las que alimenten el amor que necesitas y mereces sentir por ti. Lo demás, ¡descártalo! Es dañino, por lo que no te hace bien y es contraproducente para el único amor que por siempre llevarás contigo y en ti.

ⓘ **IMPORTANTE:** Tómale una foto al ejercicio y pégala en el espacio provisto en la próxima página, así podrás documentar el trabajo que has realizado para alcanzar el crecimiento humano óptimo desde el emprendimiento personal.

MI EJERCICIO EN UNA FOTO

pega aquí una foto *del ejercicio completado*

ENTRE MIS PENSAMIENTOS Y YO
anota aquí tus reflexiones *sobre el capítulo*

ENTRE MIS PENSAMIENTOS Y YO
anota aquí tus reflexiones *sobre el capítulo*

___
___
___
___
___
___
___
___
___
___
___
___
___
___
___
___
___
___
___
___
___
___
___

ENTRE MIS PENSAMIENTOS Y YO
anota aquí tus reflexiones *sobre el capítulo*

¿Todavía te atreves a subestimar al *amor propio*?

«Debemos confiar en las cualidades que nos definen como mujeres emprendedoras. Demostremos que somos empáticas, que tenemos el liderazgo para guiar y ayudar a otras mujeres que también desean empoderarse, defenderse y salir adelante en la vida. Juntas podemos seguir demostrando cuán decididas y capaces somos para lograr lo que nos propongamos».

Odalys Enid Rivera Vázquez
Estudiante universitaria.
—25 años—

RESILIENCIA
en verso

. . .

Tomaré fuerzas.
Me levantaré.
Elevaré el ancla,
estoica y fortalecida.
Daré un «restart» a mi vida…
¡Comenzaré!

4

RESILIENCIA

Las mujeres somos
la puta resistencia.

. . .

Si mal no recuerdo, esa mañana me levanté con ganas de darle un respiro a mi cerebro antes de que se comenzara a llenar con la basura del día, razón por la cual me dio por encender la radio a todo volumen tan pronto como me monté en el auto. Tal y como si estuviera sincronizada con la emisora radial, comencé a cantar a todo galillo mientras iba por el camino.

Por aquello de prepararme mentalmente para lo que me traería el día, le di con toda mi potencia vocal a «yo no necesito vacaciones...[1]», y, por aquello otro de coger las cosas con calma, le bajé dos a «pasito a pasito, suave suavecito...[2]».

Ya podía escuchar la cantaleta de papi por el alboroto musical que tenía en el que me llevaba y me traía a todas partes: «¡Nena, baja el volumen! Tú no ves que te vas a quedar sorda». No papi, no veo; pero sí me puedo dar cuenta...

No pude evitar echarme a reír de él y por él; es que tiene unas cosas de no criarse[3]. Bueno, lo mismo dirá de la incorregible de su hija que transitaba tempranito por una carretera rural con poco tráfico. Eso fue como ganarme la lotería en una ciudad en la que se formaban tapones hasta en las rutas alternas.

Con papi, todavía en la cabeza, bajé los cristales del auto. ¡Brutalidad a la máxima potencia! El viento hizo de las de él en mi pelo; acabado de lavar, secar, planchar y perfumar por esta que está aquí. «Ya qué rayos...», pensé sin el ánimo de alterarme por esa estupidez que ante cualquier otra circunstancia hubiera sido para mí el fin del mundo.

«¿Desde cuándo no disfrutaba de un paseo por el campo?», me pregunté en un momento dado como si no lo hiciera hace mucho tiempo. «¡Estás bien mal, condená[4]!», me dije cuando recordé que en realidad tomaba esa ruta casi a diario. ¡Aaah! Tomaba esa ruta casi a diario, pero jamás me había animado a disfrutar sus variados encantos: el camino curvilíneo que me hizo botar hasta el verde de las tripas la primera vez que lo transité; la brisa que estaba a otro nivel[5]; los olores de mi tierra; la temperatura, por supuesto que como yo: fresca; el clima que a veces amaba y a veces no tanto, todo dependía de cómo se encontrara el ánimo de mis hormonas en el día; los pajaritos que me quería llevar a casa para que los nenes los vieran y yo me lambiera haciéndome cargo de los desastres de las mascotas; el verde de su vegetación, pega'o en ese trayecto como el arroz blanco[6]; entre otras cosas menos apropiadas que también forman parte de sus encantos y que no voy a divulgar aquí porque me huelen a pura chillería[7].

¡Ay, Diooos! Qué pena que ese día el rubio mayor no hubiera estado en su punto de iluminación como para que me tragara y me escupiera en la playa, y no en el trabajo. No era raro que, ante el clima tan desfavorable que hacía, el viento me siguiera regando el pelo. A decir verdad, ya me tenía bien encojona'ita[8]. Lo único que estaba logrando era que se me quedara pegado a los labios gracias al pinta bembas[9] que tenía puesto. Ahora bien, por extraño que parezca, digo, en mi caso, ese no fue motivo suficiente para que dejara de cantar como las locas.

En medio del concierto desastroso que tenía en el auto, y que además estaba haciendo sangrar a mis oídos, miré hacia el lado derecho del camino y me fijé en un señor mayor que estaba sentado frente a un bar de mala muerte[10]. Era flaco y llevaba puesta una gorra roja que le tapaba parcialmente el pelo lacio forrado de canas. Vestía una playera percudida blanca, mahones desteñidos y botas negras de goma a la altura de las pantorrillas. En concreto, cargaba con una pinta de obrero que no había quien se la quitara de encima.

Dije «con pinta», porque estoy segura de que ahí, tan trabajador como se veía, no daba ni un tajo en defensa propia; a menos que fuera para levantar con mucho esfuerzo el codo con el fin de darse un buen buche de la cerveza esa que apuesta a que «el cuerpo te la pide[11]». ¿Cómo lo sabía? Recuerda que te dije que pasaba por ahí casi a diario.

La borrachera que ya tenía a esa hora de la mañana lo incitó a hacer el ridículo. Cuando pasé en el auto frente a él con la radio a to' jender[12] intentó pararse del cartón de leche sobre el que estaba sentado. Casi casi que se cae, pero no se cayó. En su lugar, optó por gritar con la lengua evidentemente pesada:

—¡En el campo la vida es…! —Aunque me sentí confundida, porque tengo entendido que el decir es «En el mar la vida es más sabrosa», le seguí el juego y lo ayudé a completar la frase que parecía ser el grito de guerra en la selva de los borrachos que no se podían dar la escapadita a la costa de la isla.

La goza'ita[13] se me estaba acabando, por lo que la sonrisa se me empezó a pasmar. Ya me faltaban más o menos dos curvas y una doblaba forzada a la izquierda para llegar a mi destino. Es decir, a la casa común y corriente a la que a un avaricioso se le ocurrió hacerla dinero. ¿Cómo? Sencillo, convirtiéndola en el negocio del momento; o sea, en una residencia para viejos que lo menos que tenía era el calor de un hogar. ¿Y qué hacía ahí, si el jefe y la residencia no eran de mi agrado? Aportar a la calidad de vida de los viejos con mis cuidados.

Llegué al trabajo a tiempo, como casi siempre. En vista a la hora me permití quedarme un ratito más en el auto aportando contenido a las redes sociales con el *selfie*[14] del día, el cual publiqué con un: «Solo Dios en ti confío!!!». Satisfecha por haber alcanzado reacciones de tres cifras en cuestión de segundos, comencé a hacer el turno del día.

Con muchas ganas de dar lo mejor de mí me presenté ante cada uno de los viejos que compartía con una compañera de turno, de la cual no tengo nada que decir. Los saludé tomándome todo el tiempo del mundo y pasando lista de sus múltiples necesidades. Para que tengas más o menos una idea del entorno en el que laboraba: en promedio, pasaba de unas ocho a doce horas al día entre risas sanas por aquellos que se comportaban peor que mis hijos, varias emociones encontradas por la pérdida de memorias que yo resentía más que los mismos familiares, una que otra lágrima disimulada por los temblores de un par de manos que ya no daban para más, el desespero por la falta de oxígeno de unos cuantos, el sentir del dolor ocasionado por una caída o una abertura en la piel desgastada de otros, la impotencia de no poder revertir la inmovilidad de extremidades o del cuerpo entero de los menos. ¡Juuum! Y cuando estaba el jefe, como ese día, pasaba de ocho a doce horas al día entre todo eso y la amargura tóxica de él; que era tanta que conmoverle el corazón estaba más difícil que enderezar a un país harto de corrupción y violencia.

—Cuando termines el turno pasas por la oficina —me dijo el mismo que viste y calza[15], y del que te aseguro que ya se tuvo que haber convertido en residente de su propio hogar; y no por la edad, sino por el humor que se gastaba y que era capaz de matar a cualquiera de la risa.

«Con qué vendrá este ahora», fue lo primero que pensé; porque mira que era poco lo que estaba en la oficina, pero lo suficiente para aborrecer a cualquiera. Doñita volteó automáticamente los ojos cuando escuchó la orden del mandamás. Ella era mi cómplice de crimen. ¡Naaah, es broma! Ella era una de las residentes del hogar. Comenzaba a cumplir la década de los setenta con lucidez y sin complicaciones mayores de salud.

A la residencia llegó a cuenta de los caprichos de su única hija. La linda se quería quitar el paquete de las citas médicas de su mamá de encima recurriendo, en contra de la voluntad de Doñita, a los cuidados del hogar con calificación de cinco estrellas en la cabeza del platónico de mi jefe. No, si es que cuando al dinero y a la necesidad le dan por encontrarse…

Por la única que se me rompía el corazón en ese lugar, que, insisto, no le hacía ni fu ni fa[16] a nadie, era por ella; porque por la desentendida de su hija tuvo que abandonar a su hogar. Solo yo, que la acompañé en esos días tristes en los que en soledad enfrentó su proceso forzado de adaptación, te puedo hablar de cuánto lo extrañaba; y a su jardín colorido, que era su bebé en crecimiento; y a sus pertenencias, que hablaban de la historia de su extravagante vida junto a su amor ya fallecido; y hasta a la ingrata y pico de su hija, que la misma Doñita decía que a mala hora le había dado por parir a un solo hijo por pensar que por eso la muy muy era así de creída[17]; y también extrañaba lo que había sido hasta hace algún tiempo su diario vivir.

La residente, que merecía que la trataran de usted y tenga[18], ya sentía terminar su vida en un lugar ajeno y despersonalizado, rodeada de personas con las que casi no podía interactuar debido al delicado estado de salud que predominaba entre ellas en el hogar. Ella, Doñita, sabía que en ese mismo entorno perdería sus memorias; si no era que llegaba a morir antes de que eso ocurriera. Créeme que es devastador ver a alguien prepararse para enfrentar un momento como ese sabiendo que está consciente de su realidad.

Pero quién le podía hacer entender eso a su hija. Al alrededor de sus treinta y tantos olvidaba que solo tenía una hija, al igual que su madre, y que se podía repetir la historia de ella con su mamá; pero esta vez con ella y su retoño, el cual espero que no herede sus genes por el bien de la muchachita. Digo, y eso es si la muy tiquismiquis[19] consigue llegar a la edad dorada.

—Estás despedida. —El anuncio seco de mi jefe, y también cortante, me tomó por sorpresa y me dolió por mis viejos, especialmente por Doñita, y después por mí y por mis hijos —¡Ups...! El burro a'lante pa' que no se espante[20]—; porque mi trabajo era el principal sustento del hogar que, ya no era de cuatro, era de tres por la retirada fulminante del cobarde que nos dejó pegao's[21].

Ante la noticia, no supe qué decir o qué hacer. Mi mente estaba en blanco, algo muy raro en mí porque siempre tenía un pensamiento chavándome la pita[22]. En menos nada, un calentón me empezó a atacar. No los veía, pero sentía que mis ojos corrían acelerados de lado a lado mientras miraban la despreocupación de mi jefe en su cara por lo que estaba haciendo conmigo.

Lo miré por instinto. Miraba al pedazo de mierda que tenía frente a mí y lo seguía mirando perpleja por no poder creer lo que me había dicho. Fue tan «hache pe»[23], que no le dio por añadirle a la noticia algún comentario de aliento que me hiciera sentir mejor. Solo se ocupó de acomodarse en la silla ergonómica de la oficina, como si estuviera esperando a que yo reaccionara a sus palabras.

¡Qué clase de cojones! Me dejó en la calle... ¿Qué esperaba el mequetrefe ese que le dijera?: «¡Gracias por el despido, usted es una persona muy considerada!». Por mí que se vaya al carajo con todo y la insensibilidad que le dio por gastarse conmigo. «¿Qué le hice yo a este hombre para que me trate así?», no dejaba de preguntarme sin dar con una respuesta satisfactoria.

Estaba que me lo comía vivo… ¡En serio! ¿Quién puede tener el valor de despedir a una de sus mejores empleadas? Y no tengo por qué decirlo yo; por si acaso, para eso están las evaluaciones de desempeño.

Me pregunto de qué habrá tratado la palabra que fue a escuchar ese día. ¡Aaah! Porque no te lo pierdas, se pintaba del más cristiano. Ya estoy sospechando que el mojigato de mi exmarido se congregaba en la misma Iglesia que él.

Si de algo me tengo que sentir satisfecha es de que terminé el turno de manera intachable, pese al balde de agua fría[24] que horas antes me había caído encima. Hasta el último de los minutos me esmeré por hacer mi trabajo como Dios manda. Lamentable fue pensar que ese hogar ya no sería el mismo sin mí.

¡Olvídate de mi jefe y de las lambonas[25] de las empleadas que lo único que hacían a la perfección era tongonear el fundillo por los pasillos! Aquí lo importante eran los viejos, los que seguramente resintieron mi partida cada vez que recibieron cuidados a medias y cuestionables después de mi despido. Pero honestamente, dime: eso a quién le iba a importar.

Desde luego que a mí; que, después de un tiempo, conservo la costumbre de llamar a alguna de las compañeras para saber de ellos. Bueno, y eso es cuando a ellas les da por contestar mis llamadas de buena fe. Quien las veía que cuando era yo la que estaba en medio de resolverles un peo[26] no dejaban sonar el celular. Pero nada, allá las chulas[27] con sus conciencias.

Aunque apenada, no me permití de ninguna manera regresar donde Doñita sin la frente en alto. Ella, por su parte, no pudo evitar mirarme con la misma cara de tristeza que tenía en sus días de adaptación en el hogar. Muy bien dicen que «más sabe el diablo por viejo que por diablo[28]», por lo que no tuve que decirle nada para que ella dedujera lo que sucedió a puerta cerrada en la oficina del hombre de la casa. Digo, del hogar.

Cuando me fui a ir del trabajo nadie se despidió de mí. Nadie. Ni siquiera Doñita, aunque puedo entender sus razones. Sin embargo, eso no me dejó de doler. Cómo iba a extrañar a esa doñita…

¿Qué del compañerismo? ¡¿Y de la amistad?! Al parecer desaparecieron como si nunca hubieran existido. Eso es para que veas. En un lugar en donde se suponía que reinara la sensibilidad y la empatía, ese día reinó para mí la indiferencia a tal punto que invalidó mi existencia en el trabajo a la soltá[29].

Perdona por lo desagradable de la expresión, pero me monté en el auto a moco tendido[30] pensando en que nadie es imprescindible en la vida de las personas a las que no les interesas. De inmediato, me dispuse a tomar el mismo camino de vuelta. Ahora mis ojos lo veían completamente diferente: «Qué le habrá pasado, que ya no está tan cautivador como esta mañana».

A esa hora de la tarde, el borracho seguía frente al bar de mala muerte sentado en el cartón de leche a pesar de la lluvia. Supongo que para ese entonces con las nalgas bien cuadradas y el codo ejercitado. «¿Qué me hubiera gritado esta vez si lo hubiese hecho?», son preguntas estúpidas con las que uno se queda.

¡Me sentía engañada! Con el momento que había tenido, no había manera de sentirme diferente. Ese día había recorrido el camino de la derrota con la excusa de recorrerlo para llegar al lugar en donde el trabajo aguardaba por mí, pero para darme una patada por el culo. Oye, ahora que lo menciono, la misma patada que en un momento dado le pensé dar al que era mi marido; lo que pasó fue que me tardé demasiado en hacerlo y el muy listo se me adelantó con una buena pegada de cuernos[31] y otros golpes más bajos que ese. ¿Cómo la ves?

Después de varios años me sigue resultando frustrante lo que me pasó. Para mí es más que inevitable tomar esa ruta y no pensar en la forma tan despreocupada en la que el malagradecido del jefe, que hasta de empleada doméstica me tenía, me despidió. Y eso es sin hablar de las consecuencias que luego me trajo la situación tan complicada en la que me metió.

Te cuento con algo de rabia que ni derecho tuve a la limosna del desempleo. Como era de esperarse, el patrono se atrevió a calificar mi despido de justificado ante el Departamento del Trabajo mientras yo lo califiqué de: «En esta vida pagan justos por pecadores[32]». «¡Así mismo es, chica!», reaccionó con conformidad el muchacho que me atendió en las oficinas del gobierno cuando fui a reclamar mis supuestos derechos. Poco me faltó para meterle un bofetón por mamón. ¡Claro, como no fue a él al que despidieron!

Según me dijo, la única alternativa que tenía para hacer valer mis derechos laborales era involucrarme en una acción legal. En un emoji, esta fue mi reacción a su recomendación sin sentido: ☻. Honestamente, me pregunto si al final del día él llegó a entender el motivo de mi visita a su oficina, porque me atrevería a apostar a que no. «No tengo trabajo, no seas tan pendejo», pensé del coraje. ¿De dónde pensaba él que iba a sacar dinero para iniciar un pleito como ese? Estaba más pelá'[33] que los días 14 y 29 del calendario, pregúntale a mami que le tenía un canto seco y el otro amortigua'o[34].

Para variar, no recuerdo bien. Sin embargo, creo que a la primera a la que le di la noticia del despido fue a mi hermana. Era por mucho mi jodido paño de lágrimas. Siempre me he preguntado: «¿Qué sería de mí sin esta mujer?».

Después de la terapia que tuve con ella llegué a la casa de mami y papi para buscar a los nenes con todo el desánimo del mundo. Fue un total fastidio verlos tan alegres y tener que fingir ante ellos estar feliz a consecuencia de un maldito despido que no me podía sacar de la cabeza. No me lo podía sacar de la cabeza porque se podría decir que, por ser mis hijos y depender de mí, ellos también eran víctimas de la situación responsable de que las cosas ahora se comenzaran a poner más difíciles de la cuenta para todos en casa. Pero qué va, muchacha. Eso fue algo en lo que mi jefe no pensó; aunque tampoco tenía por qué hacerlo.

—Mija[35], tienes que cogerlo con calma —me repitió mami hasta parecer disco raya'o[36].

Entre el revolú que se formaba en la casa de los viejos a la hora de la cena, la pelea con la nena para que se pusiera a estudiar y los regueros del nene me dieron casi las siete y pico de la noche. Arranqué a toda prisa en el auto y, en menos de cinco minutos, ya estaba en casa. ¡Error! ¡Error! ¡Error!

—¿Qué hace esta mujer aquí? —pensé, cuando vi el Mini Cooper de la arrendataria de la casa metido en la marquesina, y no porque no me agradara su visita, no lo tomes a mal, pero no era el día.

—¡Me vine a vivir contigo! —La segunda buena noticia del día y, para acabar de completar, me la dio tan contenta… Ni que se tratara de la pijamada que nunca tuvimos. ¿Has escuchado que el agua y el aceite no mezclan?, pues imagina que algo así sería la convivencia de dos personas como nosotras.

—¡QUÉ…! —mi cerebro reaccionó a la noticia a grito pela'o[37] mientras que a mi boca solo se le ocurrió echarse a reír de lo que me estaba pasando.

Te garantizo que ella no era la mejor compañía en esos momentos de mi vida. Por su avanzada edad, ya comenzaba a comportarse como una niña. No podía con dos, imagínate con tres. A eso, súmale la cantidad de cosas que se inventaba de la gente: que si «el vecino tiene otra, yo los vi entrar juntos a la casa»; que si «el jardinero me está echando el ojo»; que si esto; que si aquello; que si lo otro. Esa mala costumbre sí que no era por la edad, era por sinvergüenza. «¡Mire, comay[38], recójase a buen vivir que usted es una vieja ya!», pensaba cada vez que salía con barbaridades como esas.

Cuando entré a la casa, ya se había mudado. Sus pertenencias estaban regadas por todas partes. Hasta su mascota de cuatro patas le había seguido los pasos y había marcado terreno con sus desperdicios líquidos y sólidos en el color hueso de mi adorado sofá.

Ante la impresión, no me quedó más remedio que encerrarme en la habitación a llorar. ¡Otro ERROR! Los nenes empezaron a besarme y a abrazarme, a pesar de que no tenían idea de lo que estaba pasando.

—¿Mamá qué pachó[39], tene[40] dolor tú? —me preguntó el nene con tristeza, y después me dio un beso sona'o[41] en la mejilla. Bajé la cabeza. Dos lagrimones dejaron en evidencia mi llanto—. No llore[42], mamá. No llore —me decía mientras buscaba mi barbilla con sus manitas para subir mi cabeza a su altura y darme un beso de piquito.

Me desmoroné al instante al darme cuenta de que mi niño de dos años y medio estaba siendo sensible a mi dolor, como ninguno de mis compañeros de trabajo lo fue conmigo esa tarde. Lo mismo percibí en el rostro enrojecido de mi niña, que aún no alcanzaba los diez años de edad. Lo único que pude hacer en repuesta al noble consuelo de ambos fue abrazarlos y decirles: «Los amo, los amo». Te mentiría si te digo que ese momento de intimidad con ellos no fue devastador para mí.

El celular sonó en medio de esa derrota emocional, la cual creía que no iba a superar. Ya hubiera querido que fuera Dios para que me consolara, pero no. Era todo lo opuesto a Él. Era el difunto; o sea, mi exmarido.

—Me quedé sin trabajo, y para colmo la arrendataria se mudó con nosotros… —fue lo primero que dije al contestar la llamada para sacarme todo del sistema.

—Ese no es mi problema. Te estoy llamando para decirte que no me puedo hacer cargo de los nenes —me dijo, sin permitirme que terminara de hablar y sin tener una chispa de consideración conmigo.

—Cuándo… ¿Este fin de semana? —le pregunté llorosa.

—Ni este fin de semana ni ninguno. Te estoy diciendo que ya no los puedo tener conmigo. También me quedé sin trabajo, y no tengo dinero ni para llevármelos ni para pasarte la pensión. Vas a tener que resolver como puedas.

Me paré de la cama como si estuviera poseída por una fuerza que ahora tomaba control de mí y caminé hasta el balcón de la casa.

—¿Qué tú me estás diciendooo? —le pregunté incrédula y, a la misma vez, con ganas de comérmelo vivo: una porque no era posible recibir una tercera noticia de la misma magnitud en un día y dos porque como era él cualquier excusa era buena para deshacerse de sus responsabilidades como si nada.

—Lo que oíste —se atrevió a refunfuñar el hijo de su buena madre, por no decir de puta. Es más, se atrevió a refunfuñar el HIJO DE PUTA. ¡¿Qué no era un HIJO DE PUTA ese CABRÓN?!

Rápido saqué la cuenta: ¡Estaba jodía[43], jodía, jodía! Sin trabajo, sin casa y sin dinero; y ahora sin apoyo. ¡Ah!, pero con necesidades, deudas y dos responsabilidades mayores de las que no me podía deshacer así como así, como lo había acabado de hacer el canalla que todavía tiene la desfachatez de presentarse en cualquier lugar al que va y ante todos como el modelo de padre a seguir por todos los que han engendrado con el bate y las bolas que tienen guindando en la entrepierna.

¿Cómo pretender no sentirme como si me estuvieran enterrando en vida...? Dime, amiga mía. ¿Qué se le hace cuando todo se viene encima?

El «lo que oíste» del infeliz malparido me supo a mierda. «¡Qué puñeta le pasa a la gente hoy!», te juro que no me podía explicar tanta indiferencia. Por el estado de nervios en el que me encontraba, las manos se me aflojaron y el celular cayó al vacío como lo hizo la última de mis esperanzas de, en todo caso, recurrir a él por apoyo.

«A dónde fue a parar el día que inició siendo tan prometedor», pensé; así, mira, a menos nada de tentar con quitarme la vida.

—¡Mamá! ¡Mamá! —Escuché a mi niño querido llamarme por el pasillo—. ¡Mamá…! —Le siguió la nena que venía detrás de él a su cuidado. Me estaban buscando por la casa. Sabrá Dios lo que les habrá pasado en esos momentos por sus cabecitas. Siempre digo que ese fue otro llamado divino para no recurrir a la salida fácil. Gracias a ellos me mantenía viva, y solo por ellos me la seguiría jugando de invencible.

—Mamá, te voy a contar un cuento —me dijo mi hija cuando la llevé a la cama a dormir.

—¿Y el libro? —le pregunté, cero dispuesta a escuchar un cuento; pero qué le iba a hacer.

—¿Qué libro? —me preguntó la que muchas veces hacía de mi conciencia.

—Pues, el libro para que me cuentes el cuento —le aclaré.

—No, el cuento no es de un libro. El cuento me lo inventé yo ahora, para que no estés triste… —La abracé y le di varios besos en la cabeza.

—¡Ya ya ya! ¡Chú! —me dijo para que me saliera de encima de ella.

—¿Pero no me ibas a contar un cuento? —le pregunté, como quien no quiere la cosa.

—Si me dejaras… —me contestó, creyéndose de quince años de edad, y luego prosiguió—: Había una vez una niña que tenía un hermanito que la tenía loca con sus travesuras, y los dos tenían una mamá que cuando lloraba los hacía llorar. La cosa es que ellos no sabían por qué su mamá los hacía llorar. Ella no era una mamá mala, pero los hacía llorar cuando lloraba. Y colorín colorado este cuento se ha acabado.

—¡¿Y ya?! —le pregunté, porque esperaba más.

—Sí, ya. Es que los niños no sabían por qué la mamá los hacía llorar, si ella era buena. —La miré patidifusísima preguntándome si en serio ella me iba a contar un cuento para que dejara de estar triste.

Nueve trapos de años me habían acabado de dar una lección que en mi vida…

—¡Te amo, mamá; que sueñes con los angelitos! —Mi adorada hija con su acostumbrada forma de dar las buenas noches me hizo recordar las razones que tenía para seguir adelante, aunque sintiera morir.

A consecuencia de las fastidiosas preocupaciones pasé el resto de la noche parada en el balcón inmóvil como una estatua, sin sentir ni padecer todo lo que sentía y padecía, sobreviviendo al frío y al hambre, y con la vista nublada por las lágrimas que se me acumulaban en las cuencas de los ojos. Aun así, me empeciné en mantener la mirada fija en mis metas; y no en la desgracia que tenía ante mí: Mi jefe, tal vez a esa hora creyéndose un superhéroe por haber realizado un despido con éxito, en lugar de sentirse así por haber satisfecho en otros asuntos a su mujer; la arrendataria de la casa, repasando en sus dulces sueños el momento en el que aterrizó aquí para venirse a vivir conmigo por sus pantalones; el padre ejemplar de mis hijos, aliviado por deshacerse de ellos de la manera más miserable posible; y el chorro de responsabilidades[44] a la espera de la hora en punto para quitarme el sueño.

Tanta porquería junta en mi contra. Tanta porquería que parecía que les sumaba a ellos y me restaba a mí. Tanta porquería ignorante al hecho de que yo podía con todo eso y más. Tanta porquería restregándome en la cara que para mujeres como nosotras habrá días oscuros que necesitarán ser iluminados por la luz que tengamos dentro.

Menos de veinticuatro horas fueron más que suficientes para que se formara todo un desmadre en mi perra vida[45]. Sin embargo, nada de eso fue en vano. ¡No, no! No es que sea masoquista. ¿Recuerdas el estado que publiqué en la red social antes de iniciar mi jornada laboral?, pues resultó que había cobrado sentido para mí al final del día.

NOTAS

y aquí unas cuantas notas
para que *nos podamos entender*

...

1. La frase «yo no necesito vacaciones» es una línea del sencillo musical lanzado en el 2016 por el artista urbano conocido como Wisin.
2. La frase «pasito a pasito, suave suavecito» es una línea del sencillo musical lanzado en el 2019 por el artista Luis Fonsi.
3. La expresión coloquial «tiene unas cosas de no criarse» se refiere a que tiene ocurrencias o actuaciones fuera de lo normal.
4. El término «condená» es lo mismo que «condenada».
5. La frase «estaba a otro nivel» quiere decir en este contexto que no tiene comparación, que es superior.
6. La frase «pega'o como el arroz blanco» quiere decir que está presente en todas partes.
7. El término «chillería» hace alusión a la relación amorosa que sostienen dos personas de manera ilícita.
8. El término «encojona'ita» es lo mismo que «encojonadita», en este contexto se utiliza en diminutivo para indicar que la persona está bien molesta.
9. La frase «pinta bembas» es lo mismo que «pintalabios».
10. La frase «bar de mala muerte» se utiliza para indicar que de alguna manera el bar es un lugar peligroso o inseguro para sus visitantes.
11. La frase «el cuerpo te la pide» es un eslogan utilizado por una reconocida compañía estadounidense para mercadear uno de sus productos.
12. La frase «a to' jender» es lo mismo que decir «a todo volumen».
13. El término «goza'ita» es lo mismo que «gozadita».
14. El término en inglés «*selfie*» se refiere a un autorretrato hecho generalmente con un teléfono inteligente con el fin de compartirla a través de las redes sociales o plataformas de microblogging, tales como Facebook, Instagram o Twitter.

15. La expresión coloquial «el mismo que viste y calza» se refiere a la persona misma de la que se habla.
16. La expresión coloquial «ni fu ni fa» se utiliza para indicar que algo es indiferente, que no causa ni una cosa ni la otra.
17. El término «creída» es similar a «presumida».
18. La frase «que merecía que la trataran de usted y tenga» en este contexto se utiliza para indicar que la persona merecía que por sus cualidades la trataran con sumo respeto.
19. El término «tiquismiquis» en este contexto se refiere a una persona que es difícil de complacer.
20. La expresión coloquial «el burro a'lante pa' que no se espante» es lo mismo que «el burro adelante para que no se espante», se utiliza cuando una persona se pone en primer lugar sin considerar que hay otras personas que, ya sea por educación o cortesía, deberían ir antes.
21. El término «pegao's» es lo mismo que decir «pegados».
22. La expresión coloquial «chavándome la pita» es lo mismo que decir «molestándome».
23. La frase «hache pe» es lo mismo que pronunciar «hp», lo cual significa «hijo de puta».
24. La expresión coloquial «balde de agua fría» se utiliza para expresar que a una persona le sucedió algo totalmente inesperado.
25. El término «lambonas» se refiere en este contexto a personas que se muestran complacientes con los jefes solo para conseguir beneficios laborales, personales o de otro tipo.
26. El término «peo» en este contexto se refiere a «problema».
27. El término «chulas» se utiliza en este contexto para referirse a mujeres «creídas».
28. La expresión coloquial «más sabe el diablo por viejo que por diablo» se refiere a que la persona es sabia por el hecho de ser vieja; es decir, por tener mucha experiencia.
29. El término «soltá» significa «de una».
30. La expresión coloquial «a moco tendido» quiere decir en este contexto «con los mocos cayendo en abundancia» debido al llanto.
31. La frase «pegada de cuernos» es lo mismo que decir «infidelidad».
32. La expresión coloquial «en esta vida pagan justos por pecadores» significa que las personas que han actuado con justicia pagan las consecuencias de quienes han obrado mal.

33. El término «pelá'» es lo mismo que «pelada», en este contexto significa que no tenía dinero.
34. La frase «que le tenía un canto seco y el otro amortigua'o» en este contexto quiere decir que ya había abusado de su ayuda económica.
35. El término «Mija» proviene de «mi hija», y es una especie de abreviatura. Por lo regular, las madres la utilizan con cariño cuando se van a dirigir a sus hijas.
36. La frase «disco raya'o» se utiliza para referirse a una persona que repite lo mismo con insistencia.
37. El término «a grito pela'o» es lo mismo que decir «a voces».
38. El término «comay» es lo mismo que «comadre», se utiliza en este contexto con un tono de voz que pretende llamar la atención.
39. El término «pachó» es lo mismo que «pasó» en la expresión del niño.
40. El término «tene» es lo mismo que «tienes», por supuesto que en la expresión del niño.
41. El término «sona'o» es lo mismo que «sonado».
42. El término «llore» es lo mismo que «llores» en la expresión del niño.
43. El término «jodía» es lo mismo que «jodida».
44. La frase «el chorro de responsabilidades» se refiere a la gran cantidad de responsabilidades.
45. La frase «mi perra vida» se refiere a una vida mala o desafortunada.

TRABAJEMOS JUNTAS
en *el lazo que nos une*

...

Resiliencia

Sostengo que, por medio de las experiencias de vida, los seres humanos nos vamos construyendo emocionalmente con un material maleable y resistente que nos permite volver a nuestro estado original o pasar a uno superior luego de haber enfrentado una crisis.

Sí, dije claramente que «nos vamos construyendo emocionalmente»; aunque lo hagamos de una manera o ritmo diferente. Tal construcción genera una fuerza interna capaz de hacerle frente a la adversidad y, de paso, animarnos a sobreponernos a ella; de manera que resultemos fortalecidas a raíz de este proceso.

Por aquí una pregunta: ¿Cuánto podemos resistir a los «golpes de la vida»? Pues todo va a depender del estado de la llamada *resiliencia*. Altos niveles de resiliencia implican alta resistencia ante las adversidades de la vida. Por el contrario, bajos niveles de resiliencia implican baja resistencia ante tales adversidades.

A una persona con una pobre capacidad de resiliencia se le hará más difícil enfrentar y, por ende, superar una crisis en comparación con aquella que está lo suficientemente capacitada para hacerlo. En casos como estos, solo nos quedará, como en el caso de la autoestima, recurrir al empleo de una buena dosis de intención, actitud y voluntad para hacer aparecer en nosotras la maravillosa y bendita fortaleza que surgirá de nuestro interior y que será la que nos mantenga de pie ante el caos como le sucedió a Misma en esta ocasión.

➤ EJERCICIO

Hay quebrantos que también hablan de *victoria*

➤ OBJETIVO

Descubrir tu capacidad para enfrentar situaciones adversas y sobreponerte a ellas para retomar el camino de la vida con fortaleza, y así continuar trabajando en tu crecimiento humano óptimo desde el emprendimiento personal.

➤ MATERIALES

1. Varita luminosa o *«glow stick»*.
2. Cámara
3. Impresora

📝 **NOTA:** En caso de no contar con los materiales sugeridos, considera que puedes adaptar el ejercicio de acuerdo con los recursos que tengas disponibles.

↗INSTRUCCIONES

¿Qué tal preparar una fiesta de neón para ti? ¡Nah! No es para tanto. Sin embargo, te aseguro que esta idea no es para nada descabellada. Por el contrario, es muy divertida; y lo más importante es que te demostrará cuán importante es la adversidad en nuestras vidas para activarnos, fortalecernos, encender la luz con origen en nuestro interior, superar las crisis y salir victoriosas de ellas.

Para propósitos de este ejercicio trata de conseguir una varita luminosa, esa que conoces como «*glow stick*». Procura que sea del color con el que asocies la victoria y que además sea de larga extensión. Toma la varita luminosa en tus manos y ve identificando todos los momentos de dificultad en tu vida; aquellos que en realidad hayan sido significativos para ti y que hayas podido superar pese a las circunstancias. Por favor, ve desde tu infancia hasta la etapa del desarrollo humano en la que te encuentres en este instante.

Por cada momento de este tipo, que venga a tu mente, dobla o rompe de izquierda a derecha un lado del *glow stick*. Este doblez o quebranto representará un hito en tu vida o, lo que es lo mismo, un acontecimiento puntual o significativo en ella. En palabras simples, el mismo representará una anotación de victoria en tu vida. Observa el resultado en el *glow stick* al hacerlo.

Cuando logres completar el ejercicio, imagina que ese *glow stick* es una representación de ti como ser humano. Ahora, compáralo contigo. Pregúntate: ¿Qué era de esa varita luminosa antes y después de haber atravesado la adversidad? Reflexiona.

ⓘ **IMPORTANTE:** Tómale una foto al ejercicio y pégala en el espacio provisto en la próxima página, así podrás documentar el trabajo que has realizado para alcanzar el crecimiento humano óptimo desde el emprendimiento personal.

MI EJERCICIO EN UNA FOTO
pega aquí una foto *del ejercicio completado*

ENTRE MIS PENSAMIENTOS Y YO
anota aquí tus reflexiones *sobre el capítulo*

_____
_____
_____
_____
_____
_____
_____
_____
_____
_____
_____
_____
_____
_____
_____
_____
_____
_____
_____
_____
_____

ENTRE MIS PENSAMIENTOS Y YO
anota aquí tus reflexiones *sobre el capítulo*

ENTRE MIS PENSAMIENTOS Y YO
anota aquí tus reflexiones *sobre el capítulo*

¿Serías igual de fuerte en ausencia de la *adversidad*?

«Sé fuerte, lucha y cree en ti misma. Cada victoria, sea grande o pequeña, disfrútala y atesórala en tu corazón. De cada derrota aprende lo más que puedas, pero no permitas que te detenga. Por el contrario, haz que esta sea el propulsor de tu nave porque el cielo NO es el límite».

. . .

Krystel M. Ruiz Serrano
Data manager y epidemióloga.
—30 años—

↗Saca un día para dar, lo que sea;
pero no de lo que te sobre.

. . .

PROPÓSITO DE VIDA
en verso

...

Con cada paso dado en positivo,
construyo mi pensar.
Con cada experiencia negativa,
construyo mi intelecto.
Porque no solo es Química
lo que trato de explicar.
Es que en la Psicología claramente está
que entre lo positivo y lo negativo
se construye mi personalidad.

PROPÓSITO DE VIDA

Yo elijo vivir con un propósito
que le dé sentido *a mi vida*.

. . .

Como todos los días llegué a casa pensando en tantas cosas que aturden a uno cuando todo está patas pa' arriba[1]. En la urgencia que tenía de echar hacia adelante con las serias circunstancias que ahora me acompañaban, ya sabes: sola, independiente y con una tripleta de cuidado a mi cargo. En lo difícil que se me estaba haciendo aprender a convivir conmigo misma. En la necesidad apremiante de invalidar la existencia de quien me puso en un pedestal para luego lanzarme al vacío desde ahí. En la perturbadora idea de abandonar la vida que ya conocía.

Pero sabes qué fue lo más curioso de todo, que con la reacción de mi parte a cada alarma matutina estaba forjando mi nueva vida. Aunque de momento no lo viera de esa manera, así era. Entiendo que algo de deseo, quizás hasta de voluntad, había de mí por ahí para que las cosas comenzaran a tomar un rumbo diferente; y, como no todo en la vida es color de rosa², cuando hice acto de presencia en casa: ¡tatááán!

«¡¿Qué he hecho yo para merecerme esto?!», fue lo que se me ocurrió gritar a todo pulmón; pero así, desde adentro, cuando sorprendí a la arrendataria de la casa —a quien ya para ese entonces habíamos apodado cariñosamente como «Abu»— y a mis santos hijos tirándose con harina a lo largo del estrecho y apenas iluminado pasillo. Créeme que un par de palas me hubieran servido de mucha ayuda para remover del camino lo que sería el desayuno de los próximos días, sin exagerar. Aquello parecía que caía nieve, y no precisamente del cielo.

El trío de los buenos para nada cogió el paquete que estaba abierto en la nevera, pero también los que tenía almacenados en la alacena. Presumo que en ese momento a los tres se les elevó el sentido de justicia, y cada uno buscó la manera de armarse como era debido para enfrentar la guerra de nieve que chistosamente se habían declarado. «¡Qué se fastidie, Misma limpia y recoge cuando llegue!», tuvieron que haber pensado para ocasionar semejante desmadre en un lugar como la casa en la que, por mi parte, el desorden estaba terminantemente prohibido.

Mi primera reacción a su «ideota³» fue llamarle la atención al ají de la casa⁴. No dudes que esa sí fue una «gran ideota» de mi parte. Olvidé que él era más rápido que la peste⁵ y, para cuando me di cuenta, ya se me había escabullido por las piernas entre risas. Poco le faltó para hacerme caer. A consecuencia de su jugueteo imparable bailé como un trompo, en un solo pie. Esa fue una de esas escenas para morirse del coraje o de la risa, todo depende del lado del que se esté.

Pero nada, que lo dejé pasar por listo, y todo en vista a que no pude hacer más que su astucia, y volví a poner mi atención en la persona que tenía a cargo en ese momento a los menores en el hogar. Poco me faltó para que me diera un infarto cuando me fijé bien en ella y en la nena. Tenían unas ceretas del diantre y sus aspectos físicos hablaban de lo mucho que habían jorobado⁶ en el día. ¡Qué miedo, pánico me dio saber qué otras cosas más hicieron en mi ausencia!

Era preciso verlas. Las dos seguían de pie como estacas⁷ al fondo del pasillo. Al parecer que desde ahí era desde donde le estaban respondiendo al nene por el ataque que de seguro fue categoría Doble I; que, tratándose de él, significa intenso e incesante. «Buen lugar escogieron las chancleteras⁸ estas para ser acribilladas por un pobre infante», concluí sin vacilar.

De una, cancelé los pensamientos que me vinieron a la mente sobre el cerebro de mime[9] con el que Abu y la nena se pretendieron defender del pequeño de la casa. Ahora me correspondía hacer cosas más importantes como halarles las orejas por el caos descomunal que estaba viendo a mi alrededor. Dado al letrero que tenían colgando en la frente comunicando un gran «NOS COGIERON», no pude evitar echarme a reír de ellas y de lo cagadas que estaban.

Entretanto, los gritos del pujo de la casa[10] se escucharon de vuelta. Por virarme hacia él cuando lo sentí acercarse a mí recibí la primera tirada de harina en la cara. Automáticamente, mi hija y Abu me recordaron con sus burlas la rapidez con la que actúa el karma. Como consecuencia la sangre me empezó a hervir a niveles catastróficos y temerarios, y le llamé la atención al nene porque ya tenía el otro puñado de harina listo para hacer otra de sus mejores tiradas.

—¡Suelta la harina! —se lo pedí por las buenas.

—¡No! —me contestó jaquetoncito, como es él.

—¡Que sueltes la harina te dije, o te mando para la pared! —le ordené esta vez con autoridad mientras trataba de sacarme la harina de los ojos.

—¡Mamá, no! —Frunció el ceño levemente marcado, subió la mirada cuando habló y se mantuvo firme en su decisión. ¡Ave María! Si es que parecía que veía a papi cuando asumió esa actitud de macho brabucón con la cresta pará[11]; en eso sí que sigue siendo caga'o al abuelo[12]. ¡Pobre, pobre, pobre de mí!

El hijito de su buena madre, o sea, el hijito mío, me lanzó sin reparo con la harina que le quedaba en su otro puño para cuando terminó de hablar; y, antes de que me pudiera reponer al ataque, ya estaba arrinconado por su cuenta en la pared.

Miré a Abu y a la nena que estaban atentas al desafío que teníamos el nene y yo para ver cuál de los dos tenía el control de la situación, y me reí con disimulo con ellas de él porque se había castigado a sí mismo por lo que hizo sin esperar a que yo hiciera lo propio.

La risa no me duró mucho; sí, de nuevo. Se me pasmó cuando caí en cuenta de que el trapo de muchachito[13] había actuado con premeditación, y se me terminó de pasmar cuando las dos pajuatas[14], al parecer, malentendieron mi risa y me comenzaron a tirar con harina. No es por na'[15], pero siempre salía jodía[16].

Eso fue como la vez que se metieron en mi habitación y me cogieron los maquillajes para hacer fiesta.

¡Qué va! Ni mil maldades me harían olvidar esa.

Me acuerdo de que ese día llegué a casa después de haber doblado turno en el trabajo; entiéndase, una guardia muy movida y el primer turno de la mañana. Al entrar, los comencé a llamar porque no los vi en la sala; ni siquiera se escuchaban. De todas formas, pensé que en algún lugar debían estar porque el Mini Cooper de Abu estaba estacionado en la marquesina.

Ya había llegado al final del pasillo, y nada. Ahora en donde único me faltaba por verificar era en mi habitación. Cuando entré, con unas ganas de acostarme a dormir de madre, porque en los dos turnos mis viejitos botaron la bola, me encontré con tres payasos sobre la cama. Cada uno con un garabato rojo en la boca; un emplaste de base en la cara; cejas negras, justo al estilo del emblemático payaso de las hamburguesas felices; colorete de todos los colores en ambos cachetes, hasta morado, como si hubieran tenido una seria pelea de boxeo entre ellos. «¿Cómo habrá estado la cartelera?», me dio curiosidad por saber.

A la pintadita de sus caras les añadieron los picadillos de papel que se pegaron con un pegamento de gran potencia, como si fueran adornos, y, para hacer la maldad más interesante, también se pegaron piedras que sacaron de unos collares que rompieron y que tenía guardados en la gaveta de las prendas. Menos mal que yo no era de usarlos mucho que digamos porque los dejaron que daban pena.

—¡¿Qué es esto?! —le reclamé furiosa a la nena, y no a Abu porque entendía que mi hija tenía la conciencia en mejor estado que ella.

—Mamá, pero qué pasa; si estamos jugando a hacer obras de arte en la cara —me dijo, medio sorprendida por el regaño.

—Pero… ¿Cómo que obras de arte? —le pregunté prendía[17].

—¿No te acuerdas lo que dijo el maestro de arte? —me preguntó para explicarse.

—No, no me acuerdo —le contesté, casi sin dejarla terminar de hablar—. ¿Qué rayos tiene que ver el maestro de arte con esto? —me dio con preguntarle, porque sentía que me estaba quedando bruta.

—Pues, mamá, que la cara es un lienzo; y el lienzo es una forma de arte, por eso es que les estoy enseñando a Abu y al nene a pintar sobre la cara.

«¿Esto es en serio, niña?», ahora sí que me había quedado completamente bruta. En poco tiempo, los tres me iban a volver loca si los dejaba. Sin duda, en casa no había cama para tanta gente[18].

Y aunque la nena me explicó las razones de lo que había hecho con tanta seriedad y tanto aplomo, volví a ver todos mis maquillajes desechos sobre la cama y se chavó to'[19].

—¡¿Pero con mis maquillajes?! ¿A ti te parece que eso estuvo bien? —no le podía dejar de reclamar.

—Pero mamá… —me dijo con agobio.

—Mamá, ¿qué…? ¿Qué me vas a decir? —no sé para qué le seguía preguntando, si no la quería ni escuchar.

—Que tú te puedes comprar más maquillajes. En la tienda a la que a ti te gusta ir venden la marca esa que tiene maquillajes a dólar; yo los he visto.

—¡Ah, sí! —le dije con una clase de sarcasmo—. ¡¿Tú sabes cuánto le costaron estos maquillajes a esta que está aquí?! —le pregunté con el moño para'o[20].

—No —me contestó ella casi al instante, cual si de una respuesta ensayada se tratara.

—Se nota que no sabes porque, si supieras, no hubieras hecho lo que hiciste. ¿Tú viste esto? —Solté una buena cantidad de aire por la boca del enojo, casi como una mismísima mamá dragona enfurecida lanzando fuego por el hocico a tutiplén. ¡Ja, ja, ja, ja!

—Pues, mamá… —me comenzó a decir con la intención de remediar la situación—, yo te doy el dinero que tengo ahorrado para que te compres otros maquillajes. Además, yo tengo una alcancía.

—¿Y…?

—Pues, que yo puedo sacar dinero de ahí para darte. ¡Psss! Pero no te creas que te los voy a dar todos, porque me quiero comprar unos juegos de mesa.

—¡Mal rayo parta[21] los juegos de mesa! «Mis maquillajes de marca», me lamenté tanto por ellos. «Pobres Sephora, MAC, NARS y todos los pendejos de renombre que me hicieron gastar tanto dinero en un juego para niños», como podrás imaginar, la frustración reinó en mí a ese punto de sus ocurrencias.

—¡Hija, por Dios! Primero, no es cuestión de dinero y, segundo, dile al maestrito de arte que el lienzo se lo voy a pintar yo en la cara la próxima vez que lo vea. ¡Vamos, para la habitación! ¡Dale, andando!

Ya estaba sacada por el techo[22]. Aun así, le rogué a Dios que a la muchachita no se le ocurriera ir donde el maestro de arte con el cuento: «Míster, que mamá dijo que cuando te vea te va a pintar un lienzo en la cara». Muchacha, es que me la imagino. A ella no se le escapa ni una, por lo que tuve que estar pendiente a que no se le fuera a zafar algo así durante los días siguientes en los que se presentó a sus clases de arte;

como si no tuviera nada más que hacer en la vida. De lo contrario, ese sería otro «trágame tierra[23]» sumado a mi lista interminable de orejas calientes.

—Pero mamá… —hizo un intento por persuadirme medio vago.

—Te dije que andando; no hagas que te castigue —le advertí.

—Abu y el nene también te dañaron los maquillajes, y a ellos no les dices nada. ¿Verdad…? —me reclamó.

—A mi tú no me tienes que decir lo que yo tengo que hacer. Te vas para la habitación, y es ya.

La nena se fue para su habitación refunfuñando y con la trompa pará[24], como si hubiera sido yo la que le hubiese hecho algo a ella. No, si es que te digo; hay que joderse. Pero fíjate, en parte, tenía razón; la había cogido con la pobre y había dejado a los otros dos guindando[25].

—Abu, ¿ya vieron cómo pusieron el edredón? Un edredón nuevo, Dios mio. No lo puedo creer. Ustedes se creen que esas manchas de maquillaje le van a salir. ¿Ah? —comencé con la cantaleta, pero esta vez dirigida a la que se suponía que tuviera el control y diera el ejemplo en la casa.

En medio de eso, y mientras Abu hacía el aguaje de limpiar el desastre que había encabezado, la muchachita regresó donde mí para decirme:

—Ma'[26], por lo menos el pintalabios que Abu metió en el microondas lo puedes poner un ratito en el *freezer*[27] para que se congele y coja de nuevo la forma que tenía. —La viejita de la casa no dijo nada en respuesta al comentario con el que mi hija sin querer la tiró al medio, pero su maquillaje estropeado la delató. A pesar del frío que hacía en la habitación, porque tenían el aire encendido en horas del día, como si el recibo de la luz lo pagaran ellos, estaba sudando la gota gorda[28] por lo que juntos habían hecho.

—¡ABU…! —pegué el grito en el cielo cuando vi que Abu se iba para atrás en cámara lenta por resbalar con la harina que entre ella y mis hijos se encargaron de desperdiciar en el suelo por pura diversión.

«¡Aquí fue, ahora sí!», pensé porque estaba completamente sola con los nenes.

Lo único que se me ocurrió hacer tras el accidente fue llamar a emergencias médicas. Abu había sufrido una caída aparatosa, y temía que tuviera una fractura. Además, yo sola, por mi cuenta, no iba a poder socorrerla; de ninguna manera. Ella era una señorona de estatura promedio, robusta y de una buena cantidad de libras. Para colmo, era lo suficientemente flácida; así que, con mucho respeto, eso iba a ser como un auto compacto tratando de remolcar a una grúa.

Por supuesto que también se me ocurrió llamar a mami. ¡Ah, no! Y a quién más si no la llamaba a ella para que me salvara el pellejo[29]. La necesitaba para que me ayudara con los nenes a lo que yo resolvía con Abu, así me iría más tranquila para el matadero —disculpa por la falta de respeto en mi expresión; es que la calidad de los servicios médicos en mi ciudad está del cará[30].

Gracias a Dios mami llegó a casa antes que la ambulancia. No pasaron ni tres minutos de eso cuando los perros del vecindario comenzaron a ladrar. Bajo otras circunstancias los hubiera mandado a callar de mala gana. Sin embargo, esta vez, sus ladridos ensordecedores se debían al sonido de la sirena que anunciaba con tremendo alboroto que a la que estábamos esperando estaba a punto de llegar.

—Abu, por favor, no te muevas —le pedí, por miedo a que se fuera a lastimar más de la cuenta.

—¡Me duele…! ¡Ay, ay…! ¡Ay! —se comenzó a quejar entre llantos.

—No te muevas, Abu. Tienes que cooperar, ya la ambulancia va a llegar —le dije con la intención de calmarla un poco, y porque sabía que en su estado lo mejor era mantenerla inmovilizada.

—¡Me duele, mamita! ¡Me duele! —Reconocí el miedo en sus palabras, y eso me asustó.

Mi cabeza me advirtió con una fuerte punzada en la cien que pronto iba a estallar. ¡Pero imagínate…! A cualquiera le estalla la cabeza con reclamos de niños, regaños de abuelas, quejidos, ladridos, sirenas y preocupaciones. Todo al mismo tiempo y, para acabar de completar, revuelto.

Al llegar al hospital me quedé un buen rato en la sala de espera. Tiempo de más tuve para pensar en lo que ahora vendría a consecuencia de la caída de Abu.

Sabía que el día en el que ella comenzaría a depender completamente de mí iba a llegar. «Contra, ¿pero tan rápido?», me pregunté atemorizada por la responsabilidad tan grande que inevitablemente iba a recaer sobre mí.

Como temía, Abu fue sometida a una operación en la cadera derecha. Eso nos tomó más tiempo de lo previsto en el hospital. No había quién la hiciera cooperar con las indicaciones del especialista. Es que cuando llegan a esa edad, no hay quien los aguante.

Por sus terquerías, tuvimos varias discusiones delante del personal médico. Y te digo, eso fue teniendo yo la paciencia que se necesita tener con los viejos. Hasta discutimos a causa del mal rato que le hizo pasar a la empleada que prefirió dejar perdido el pago por el servicio de la televisión en la habitación con tal de no volverle a ver la cara a Abu.

Según me cuentan, la muchacha entró a la habitación y encontró a Abu durmiendo. El televisor estaba encendido con el volumen en las de dejar sordo al que lo estuviera escuchando. Ella pensó en bajarle el volumen para el beneficio del sueño placentero del cual la paciente parecía estar disfrutando. Luego cambió de opinión, y decidió marcharse para pasar por la habitación más tarde cuando estuviera despierta.

—¡Eres mala! —le dijo Abu, gritando mientras se tapaba los oídos—. ¿Por qué me quieres dejar sorda, acaso estás loca? —le reclamó molesta a la empleada de servicio que estaba por salir de la habitación.

Ahora los papales en la situación más que disparatada y confusa se habían invertido, y fue la muchacha la que pegó el grito en el cielo del susto que se llevó por no entender el motivo de la histeria de la paciente. Acto seguido, se viró de un brinco hacia la que pareció ser, en un inicio cuando la vio, una inocente anciana que se acercaba a sus noventa años de edad. A pesar de ahora tenerla cara a cara, Abu no le dejó de verbalizar incoherencias con su distinguido tono de voz chillón; si te digo que es que la señora se comportaba como una cínica de armas tomar.

Gracias a Dios que el personal médico actuó de inmediato, alertado por los gritos que se hacían escuchar en el pasillo y que le perforaban los oídos al equipo de buenos samaritanos.

«La pobre muchachita salió de la habitación hecha un manojo de nervios[31]», el médico no se aguantó la queja. ¡Qué bochorno el que pasé! Todos tuvieron que haber pensado que Abu era una paciente de salud mental; bueno, nada más lejos de la realidad.

Ese día por la noche, la sinvergüenza me confesó que había sentido cuando la muchacha, qué muchacha, eso era una nena que seguramente no alcanzaba ni los dieciséis años de edad todavía, entró a la habitación toda tímida e insegura. La miró con el rabillo del ojo[32] y la atacó con su ocurrencia sin sentido.

—¿Por qué hiciste eso, Abu? —le cuestioné.

—¡Porque ya me quiero ir de aquí! Tengo que cuidar a Schnauzer —me dijo, refriéndose a su perrito del color del dulce caramelo y de la raza con la que cargaba su nombre. Muy creativa la Abu, ¿no?

—Y tú crees que así lo vas a lograr, yo también me quiero ir. Tengo que cuidar a mis hijos. ¿Por qué no pones de tu parte? Tú sabes lo que tienes que hacer para que te den de alta —le recordé.

—El médico ese la tiene conmigo y me pone a hacer ejercicios todo el día para no dejarme ir, si lo vieras… —no perdió la oportunidad para comenzar con sus inventos, como si no la conociera.

—Ni que estuviera enamorado de ti como para que no te dejara ir. ¡Ay, por Dios, Abu! Nos jodimos ahora con la mamacita[33] —le dije de una manera bastante burlona entre una que otra risa.

Como ves, no había salido del hospital y ya la nena comenzaba a dar lata[34] de la buena.

Los primeros días en la casa tras su regreso de la estadía forzada fueron un sal pa' fuera[35] entre los nenes, el perro, ella y mil mierdas más. Entre ellas, mis líos amorosos que parecían ser un cuento de nunca acabar. Para resumirlos, las mujeres solteras y con hijos al parecer que cargamos con una maldición, propiamente dicho «estigma social», que no nos permite avanzar. Pero, en fin, este es un tema al que le voy a sacar punta dentro de unos segundos. ¡Pendiente!

Durante las semanas siguientes, aunque las cosas comenzaron a mejorar, no pude salir de la casa ni para buscar trabajo. Pero en qué trabajo iba a pensar, si tenía a tres niños a mi cargo. ¡No a uno, A TRES!

No era necesario sacar cuentas para concluir con objetividad que el sueldo se me iba a ir en pagar cuidos.

Fue por eso, y por otras cosas, que me vi en la obligación de hablar con Abu para poner ciertos puntos sobre la mesa.

Después de hacerle entender de la mejor manera posible la situación difícil y precaria en la que nos encontrábamos acordamos convenientemente que seguiría a su cuidado por un tiempo; al menos en lo que veía con mejor claridad lo que podía hacer ante la situación. Esta vez, al igual que otras, no la tenía fácil.

La verdad es que de vez en cuando mami venía y me ayudaba en lo que podía; pero, por lo regular, yo era la que estaba a cargo de los quehaceres en el hogar. A veces terminaba el día tan agotada, resolviendo una cosa por aquí y otra por allá, que me quedaba dormida en cualquier esquina de la casa sin poder llegar a la cama. Ya hasta era común para mí descubrirme llorando en medio del sueño o con la babita por fuera. Amiga, ¿quién le podía llamar a eso vida?

No tenía un apoyo mayor. En cambio, era tanta la suerte que estaba teniendo en los últimos tiempos que, un «amiguito» con el que estaba saliendo, ya me comenzaba a involucrar en los enredos de su vida; tal y como si yo hubiera abierto una convocatoria para complicarme la existencia por gusto y gana.

La que era su novia o esposa, qué sé yo, porque ni ellos mismos sabían lo que habían sido, se atrevió a llamarme para reclamarme porque, según ella, yo estaba saliendo con un hombre de familia. Y sí, era cierto. Tenía toda la razón. Pero… ¡¿Qué carajos me importaba eso a mí?!

La imprudencia de su acción me sonó a que estaba medio tostá[36], porque, por un lado, no tenía por qué llamarme. Ellos ya no estaban juntos. Además, porque fue tan bruta que se descubrió al decirme que le cogió el celular la última vez que él había ido a buscar a los nenes a su casa para ver con quién era con la que estaba saliendo.

Sin caer bajo le indiqué que el que me había buscado a mí había sido él, porque así fue; que si tenía la necesidad tan apremiante de reclamarle algo a alguien que se lo reclamara, única y exclusivamente, al padre de sus hijos.

Mi serenidad ante su llamada encendió al demonio que al parecer ella traía adentro, y qué no me dijo. Ese fue motivo suficiente para que yo dejara la relación con su expareja a un lado; otra vez sin querer queriendo, como ya se me estaba haciendo costumbre. Con eso, ya eran muchas las pajitas que le estaban cayendo en esos días de mi vida a la leche[37].

De eso le estaba hablando a Abu mientras le cambiaba el pañal; ya casi al final de su recuperación.

—No pegas una… —me dijo con sentir.

—No, de verdad que no. Yo no sé qué es lo que tengo, pero no se me pega ni uno con buenas intenciones. Este fue, y mira. Y yo sé que lo que pasó con la que era su mujer no es su culpa, pero yo no me puedo dar el lujo de batallar con ella toda la vida por estar con él; porque mira que te digo que así va a ser.

Abu y yo nos consolamos con la mirada, como dos buenas amigas.

—Los hombres cuando no tienen dinga, tienen mandinga[38]. —Me quedé callada por un momento, luego añadí—: Quiero un hombre con el que pueda formar una familia. Como antes, en el inicio de la convivencia con el difunto; porque en el intento por recuperar lo que ambos sabíamos que ya habíamos perdido me utilizó haciéndome sentir sucia como mujer. Nunca voy a olvidar que la última vez que me tocó lo hizo como lo hubiera hecho con cualquiera. La desagradable imagen de él experimentando maneras depravantes para satisfacer su sexualidad con partes de mí fue lo peor que ese hombre me pudo dejar.

Mientras yo terminaba de cambiarle el pañal y abría de nuevo una de mis más profundas heridas, como si estuviera de nuevo allí, en la habitación que ese hombre y yo nunca debimos compartir, vi lágrimas bajar por el rostro terso y agrietado de Abu que, no sé por qué, me dio la impresión de que no solo cargaban con mi pena.

—Perdona por todo lo que te hago hacer —me dijo de repente, sintiéndose como una carga.

—Ya no me veo haciendo otra cosa —le dije convencida.

No es necesario que te jure que a partir de ese día cambió significativamente mi vida.

NOTAS

y aquí unas cuantas notas
para que *nos podamos entender*

. . .

1. La frase «patas pa' arriba» es cuando algo está fuera de lugar.
2. La expresión «como no todo en la vida es color de rosa» se refiere a que no todo en la vida marcha bien.
3. El término «ideota» hace referencia de manera sarcástica a una «gran idea».
4. La frase «ají de la casa» hace referencia a la persona del hogar que es la inquieta o la tremenda.
5. La expresión coloquial «más rápido que la peste» significa en este contexto que el menor es sumamente rápido.
6. El término «jorobado» es lo mismo que «fastidiado».
7. La frase «como estacas» se refiere a que las personas parecen estar fijadas en el suelo, aparentemente sin poder moverse.
8. La frase «las chancleteras» hace alusión al aspecto desordenado y despreocupado en este caso de las féminas.
9. La frase «cerebro de mime» es similar a decir «cerebro pequeño».
10. La frase «el pujo de la casa» hace referencia a la persona que en el hogar es la que molesta mucho.
11. La frase «cresta pará», o lo que es lo mismo que «cresta parada», hace alusión a la cresta del gallo.
12. La frase «caga'o al abuelo», o lo que es lo mismo que «cagado al abuelo», se refiere a que es idéntico al abuelo.
13. La frase «el trapo de muchachito» se emplea con cariño para referirse a una persona que no sirve para nada.
14. La frase «pajuatas» se emplea en plural para referirse a dos personas que no muestran el interés ni la voluntad para hacer lo apropiado en determinada situación.
15. El término «na'» es lo mismo que «nada».
16. El término «jodía» es lo mismo que «jodida».
17. El término «prendía» es lo mismo que «prendida».

18. La expresión coloquial «no había cama para tanta gente» es lo mismo que decir que no había espacio suficiente en la casa para tantas personas.
19. La frase «se chavó to'» es lo mismo que decir «se chavó todo».
20. La frase «con el moño para'o» es lo mismo que decir «con el moño parado», significa «molesta».
21. La expresión coloquial «mal rayo parta» es un decir que implica el desearse por desearse que un mal le ocurra.
22. La frase «sacada por el techo» es semejante a que una persona ya ha perdido la paciencia.
23. La frase «trágame tierra» es un decir que está muy de moda, se utiliza como sinónimo de «vergüenza» o «bochorno».
24. La frase «trompa pará» es lo mismo que decir «hocico parado».
25. La frase «había dejado a los otros dos guindando» es similar a decir que había dejado a los otros dos a un lado.
26. El término «ma'» hace referencia a mamá, de manera abreviada.
27. El término en inglés «*freezer*» se refiere a «congelador».
28. La frase «estaba sudando la gota gorda» en este contexto significa que estaba realizando un esfuerzo significativo para revertir el daño que había causado.
29. La frase «para que me salvara el pellejo» se refiere a que la sacara del apuro o la ayudara.
30. El término «cará» es lo mismo que «carajo», de manera abreviada.
31. La frase «hecha un manojo de nervios» significa estar muy nerviosa.
32. La frase «la miró con el rabillo del ojo» es lo mismo que decir que la miró de manera disimulada.
33. El término «mamacita» se utiliza en este contexto para indicar de manera sarcástica que es una mujer que está buena o que físicamente se ve bien.
34. La frase «dar lata» es lo mismo que «dar problemas».
35. La frase «un sal pa' fuera» es lo mismo que «un caos».
36. La frase «medio tostá» se refiere a una persona que está algo loca o desquiciada.
37. La expresión «ya eran muchas las pajitas que le estaban cayendo en esos días de mi vida a la leche» es lo mismo que decir que ya eran muchos los problemas que estaban llegando en esos días a su vida.

[38] La expresión coloquial «cuando no tienen dinga, tienen mandinga» es lo mismo que decir que cuando no tienen una cosa, tienen la otra.

TRABAJEMOS JUNTAS
en el lazo que nos une

...

Propósito de vida

Es lamentable decirlo, pero lo cierto es que no todas encontramos nuestro propósito de vida. Esta es otra de esas realidades que se da por diversas razones, ya que es obvio que cada mujer carga con circunstancias distintas. No obstante, toma en cuenta que así mismo todas somos capaces de lograrlo si nos lo proponemos con la urgencia, la prioridad y el compromiso que esta búsqueda amerita sin resistencia.

Cuando hablamos de encontrar un *propósito de vida* nos referimos a dar de manera voluntaria con una meta concreta, medible y asequible; que sea capaz de dirigir y otorgarle sentido a nuestras vidas. En otras palabras, que la importancia que le demos a lo que hagamos a diario nos provoque una sensación orgánica de satisfacción y placer; dos estados emocionales únicos que, al combinarse, resultan para nuestra dicha en *felicidad*.

Sin embargo, parece ser que muchas de nosotras somos bastante apáticas a esta, a la felicidad, porque con frecuencia ocurre que no consideramos que nacimos con la capacidad de vivir una vida fundamentada en un propósito superior; incluso, desde una edad temprana, y esto se puede deber una vez más a distintas razones. Por ejemplo, muchas son las mujeres que no nacen dentro de una cultura que propicie o fomente la vida de o con propósito. Simplemente las enseñan a que deben asimilar y ajustarse a ciertas reglas sociales, por lo que se resignan a vivir la vida conforme con estas.

De esta manera, no es de extrañar que nuestra evolución estereotipada como mujeres se haya limitado por siglos a educarnos, casarnos, tener hijos y cuidar del hogar hasta envejecer, y esto no tiene por qué ser así. ¡No, no tiene por qué serlo!

Todo ser humano tiene derecho a vivir con un propósito, incluso superior a su bienestar. Y es importante que sepas que, cuando procura hacerlo, recibe como recompensa una vida con significado y sentido que no está sujeta a expectativas o críticas sociales que suelen ser altamente tóxicas y limitantes.

¿No te parece que lo que hasta aquí te he mencionado fue lo que precisamente comenzó a experimentar Misma cuando se convenció de su propósito de vida, y todo gracias a la experiencia de cuidado que tuvo con su ya apreciada Abu? Piénsalo bien, porque a mí sí.

➤EJERCICIO

Haré de mi propósito de vida *arte*

⬆ OBJETIVO

Plasmar en un lienzo tu propósito de vida para darle paso a una vida con propósito que, sobre todo, le dé significado y sentido a quién eres y a lo que haces con el fin de avanzar hacia el crecimiento humano óptimo desde el emprendimiento personal.

⬆ MATERIALES

1. Lienzo con caballete.
2. Crayolas, lápices de colores o pasteles.
3. Cámara e impresora.

NOTA: En caso de no contar con los materiales sugeridos, considera que puedes adaptar el ejercicio de acuerdo con los recursos que tengas disponibles.

⬆ INSTRUCCIONES

Comienza este ejercicio creando las condiciones propicias para plasmar en el lienzo con caballete del tamaño de tu preferencia lo que llamamos *propósito de vida*; ya sabes, música, olor, iluminación, ventilación, espacio, colores.

Selecciona de preferencia solo una de las siguientes técnicas de dibujo: crayola, pastel o lápiz de color.

Cuando estés lista, cierra los ojos y visualízate en algún lugar haciendo lo más que te gusta. Aquello que pudieras estar haciendo el resto de tus días solo por placer y que de alguna manera puedas monetizar. Tómate el tiempo necesario para pensar en todos los detalles. Siente estar allí: fíjate en el entorno y su olor; en los colores y en las cosas; en las personas, sus interacciones y expresiones, en lo que dicen; en lo que está ocurriendo en ese lugar; en lo que estás haciendo y en cómo eso que estás haciendo te hace sentir.

Plasma como mejor puedas esa imagen mental en el lienzo. Después de que completes la obra, ponle el título en alguna esquina: *Mi propósito de vida*. Firma la obra debajo del título como toda una artista y colócale la fecha en la que esperas estar viviéndolo como te lo has propuesto. Enmárcala y ubícala en algún lugar visible para que sea ella misma la que te recuerde a diario que naciste para algo más que vivir en conformidad.

ⓘ**IMPORTANTE:** Tómale una foto al ejercicio y pégala en el espacio provisto en la próxima página, así podrás documentar el trabajo que has realizado para alcanzar el crecimiento humano óptimo desde el emprendimiento personal.

MI EJERCICIO EN UNA FOTO
pega aquí una foto *del ejercicio completado*

ENTRE MIS PENSAMIENTOS Y YO
anota aquí tus reflexiones *sobre el capítulo*

ENTRE MIS PENSAMIENTOS Y YO
anota aquí tus reflexiones *sobre el capítulo*

ENTRE MIS PENSAMIENTOS Y YO
anota aquí tus reflexiones *sobre el capítulo*

_____
_____
_____
_____
_____
_____
_____
_____
_____
_____
_____
_____
_____
_____
_____
_____
_____
_____
_____
_____
_____
_____

Si está en tu mente,
¿no crees que es posible vivir
con un *propósito de vida*?

«Juntas tenemos el poder de cambiar al mundo, sin competencia, apoyándonos y teniéndonos empatía unas a las otras».

. . .

Yashira Marie Rivera Carrasquillo
Enfermera de pacientes conectados a ventilación mecánica.
—35 años—

⤻Antes de pretender adquirir o reforzar conocimiento, haz una cosa: busca libros, investigaciones, artículos, videos, documentales, películas u otros recursos educativos confiables y vigentes que te den a conocer cómo aprende el cerebro humano.

. . .

APRENDIZAJE
en verso

. . .

Sueño con el mañana,
viviendo mi hoy.
Forjando mi futuro,
sin olvidar lo que soy.

Sueño con el mañana,
y nuevas ilusiones
encarnan mi piel.
Me veo realizada
caminando con misma,
levantando alas,
haciendo realidades
lo que otros pensaron
que no podría hacer.

Hoy veo mis sueños realizados,
y mi corazón late de manera distinta.
Porque hoy he interiorizado
que aquella mujer rota,
que un día fui,
acaba de construir
su propio porvenir.

Hoy comienzo a vivir.

6

APRENDIZAJE

¿No sé algo?,
me ocupo *y lo aprendo*.

. . .

Observaba a mi hija mientras estudiaba en la mesa del comedor. Ella estaba tan envuelta en lo que estaba haciendo, que no me atreví a interrumpirla para que fuera a recoger el desorden que había dejado en su habitación. «¿De qué estará estudiando?», me pregunté.

Me le acerqué de lejitos para supervisarla, y me di cuenta de que estaba leyendo el libro de extractos de plantas que le trajo un experimento de niños que le habían regalado en las últimas navidades.

—¡Niñita…! ¿Qué haces? —le pregunté, porque estaba distraída en algo que no tenía que ver con los estudios.

—Leyendo este libro —me mostró la portada—; es de los extractos de las plantas. Los extractos tienen unas propiedades que tienes que conocer para saber cuáles puedes combinar si quieres hacer fragancias —me comenzó a explicar con el don del que sabe enseñar.

—Sí, qué interesante; pero eso no tiene que ver con los estudios de la escuela. Así que ponte a estudiar, hazme el favor —le ordené sin ánimos de discutir.

—Deja que termine aquí —siempre quería hacer su santa voluntad.

—No mijita[1], no puedo esperar a que termines con eso porque, si es por ti, te quedas pegada y no haces las tareas. De casualidad, ¿tienes examen mañana? —le terminé por preguntar.

—Sí, tengo uno de matemáticas —me contestó como si eso fuera un bombito al pitcher[2].

—Pues, con más razón todavía… ¡Ponte a estudiar! —le volví a ordenar, en esta ocasión con carácter; porque la maestra de matemáticas que tenía como que no les explicaba a los estudiantes muy bien que digamos, y cuando la nena llegaba a casa me tenía que sentar con ella para reforzar el material del día.

—Pero mamá, dame unos minutitos —hizo el intento de convencer a quien se hacía la difícil con ella.

—No, mamita. Tienes examen mañana, y es importante que te pongas a estudiar —le expliqué las razones de mi empeño porque se pusiera a estudiar.

—¡Ay, mamá! El examen de mañana no es lo único importante. —Preparé la mirada que siempre le daba cuando estaba por sacarme por el techo—. También tengo que aprenderme esto, si quiero ser química. —Qué te puedo decir, me cayó la boca con su argumento.

No me negué a darle la oportunidad de negociar un tiempo razonable para que pudiera hacer ambas cosas; bueno, ya te dije que me hacía la difícil con ella. En esas se la pasó toda la tarde; ni siquiera me dio qué hacer fuera de pedir una cosa tras la otra como toda una misifú[3].

Cuando terminé de hacer los quehaceres de la casa volví donde ella, y le pedí que fuera guardando las cosas porque ya era tarde y se tenía que preparar para irse a la cama. Mientras mi hija ponía en orden las cosas de la escuela, yo recordaba mis años en la universidad. «Diantre, si hubiera terminado los estudios», me dio con pensar. De todo, lo más que me jodió de ese pensamiento fue el «si hubiera».

—Bebé, ¿te acuerdas cuando estaba estudiando en la universidad para ser enfermera? —le pregunté.

—¡Aaah, sí; que no terminaste! —respondió con asombro del bueno, pero después la cagó.

—No, no terminé —le dije apagá[4].

—Pues termina, mamá; así las dos estudiamos juntas. Yo te puedo prestar una de mis mochilas, porque tú no tienes. —A pesar de ser un poco engreída, mi hija era empática y le gustaba ayudar a las personas cuando tenían una necesidad que, ese no era realmente mi caso, pero le di las gracias por el gesto que tuvo conmigo.

La idea de retomar los estudios me empezó a tentar; en parte, porque habían pasado semanas desde la primera vez que salí a buscar trabajo sin éxito. ¡Eso fue toda una odisea! Si te cuento el cuento...

Mientras honraba el acuerdo al que había llegado con Abu me espabilé y me puse a buscar trabajo. Entiendo que debes saber cómo son las cosas cuando uno está en esas. Por lo regular, se tardan en llamar para entrevista; así que quise aprovechar el tiempo. No podía esperar a que ella estuviera recuperada de su accidente de cadera para salir a buscar lo que necesitaba con la urgencia que pone a uno en apuros.

El primer obstáculo con el que me encontré tuvo que ver con la redacción del resumé. No tenía experiencias laborales que poner que se relacionaran con el cuidado de pacientes geriátricos; ya que, como recordarás, en mi último trabajo se dieron el lujo de botarme como bolsa de mierda[5]. Quién iba a emplear a una persona que fue despedida de esa manera. Y, además, tú sabes cómo son las cosas en este país: si no tienes experiencia en lo que estás buscando no te dan la dichosa oportunidad que pone a uno a mendigar. Algo, a la verdad, IN-COM-PREN-SI-BLE.

Me puse histérica con la cuestión del resumé; porque, a fin de empeorar la cosa, tampoco había terminado los estudios en enfermería para por lo menos compensar con ellos mi «supuesta» falta de experiencia laboral. En otras palabras, estaba jodía[6]. «¡¿Qué va a ser de mí?!», me pregunté realmente desesperada.

No sé cómo se me ocurrió, porque no tenía cerebro para pensar en ese momento en el que me paniquié[7], pero llamé a la que era mi supervisora en el hogar del que fui despedida para ver qué me podía recomendar en mi caso. Ella había renunciado al trabajo antes de que yo me fuera, también por las mismas mierdas del jefe. Sin embargo, en el tiempo en el que laboramos juntas, reconoció con objetividad mi calidad como empleada. Así que mi fe, en esa ocasión, estuvo puesta en esa mujer.

Eso sí, le pedí a Dios que el tiempo que llevaba fuera del trabajo no la hubiera cambiado para que no me diera la espalda cuando más la necesitaba.

Al parecer que mis suplicas llegaron al cielo. En un *date*[8] de chicas que tuvimos, en el que hablamos de todo un poco, tú sabes, por aquello de también ponernos al día como en los viejos tiempos, ella me sugirió que pusiera en el resumé mi experiencia de trabajo en el hogar; pero que, cuando me pidieran las referencias laborales, diera la información de ella. Sí, sí, sí, sí. Ya sé lo que estás pensando…

Estoy consciente de que a lo que me acababa de recomendar se le llama engaño. TRABAJO, COÑO, ¡NECESITABA TRABAJO! Y aunque esa mentirita piadosa no justificara mi acción sabía que me iba a ayudar, y mucho.

Además, ella había sido mi supervisora; como te dije. Habíamos trabajado mano a mano. Conocía mejor que nadie la calidad del servicio que le ofrecía a los residentes del hogar; incluso, mejor que el mequetrefe ese de mi jefe que mejor se ahogaba en saliva con tal de no reconocer lo que le correspondía. Así que, si venimos a ver, solo ella estaba en posición de juzgar mi desempeño.

¡Feliz! Feliz como una lombriz fue cómo me fui a buscar trabajo, pero como que la cuestión esa no estaba resultando.

Primero no me llamaban de ningún sitio. De ninguno... Estaba desesperada, al punto de que por poco entro en una crisis múltiple; y no estoy exagerando. Me urgía planificar mi vida porque tenía que mantener un hogar y, sentada en el sofá comiendo y viendo televisión todo el día, no lo iba a conseguir. Ese estilo de vida preferí dejárselo a la doña que un día llegó a casa y se asentó como le dio la gana, y a su grupito nuevo de amigas a las que invitaba a visitarnos para hacer de las suyas; entre ellas: pervertirme...

Así me quedé yo, con la boca abierta la primera vez que las conocí. ¡Qué tejido, costura o manualidad! Esas mujeres maduras no eran de estar en esas.

Yo sabía que Abu se las traía, pero no sabía qué tanto; y las amigas que se gastaba, las muy educadas ellas, eran de su misma calaña.

Lo gracioso de todo es que la compañía de las mujeres de la tercera edad ya me estaba resultando agradable. En parte, porque las cuidaba y las ponía como para buscarse unos cuantos jevos. Nos íbamos a los centros comerciales a sufrir, ya éramos expertas en *window shopping*[9]. Paseábamos. Visitábamos lugares de interés y nos hartábamos como delicadas cerdas. A una que a otra las llevaba a visitar a sus nuevos amores en el ocaso de sus largas vidas; que, contradictoriamente, era cuando se encontraban en la flor de la juventud. ¡Qué amores, qué detalles, qué ironía!

De cierta manera, el ocuparme de mis queridas viejas compensaba mi ausencia en el trabajo formal que tanto necesitaba y que tanto me urgía conseguir. Ya estaba que no esperaba nada, y cómo son las cosas… En ese momento fue en el que empecé a recibir llamadas. Las citas para participar de entrevistas de trabajo se convirtieron en la orden del día.

Inicié la jornada de ese proceso tan estresante con mucho entusiasmo, al igual que lo hice cuando empecé a buscar trabajo. ¿Qué cuánto me duró el buen estado de ánimo por eso? ¡NADA! Todo lo que se les ocurrió a los patronos fue ofrecerme una cuantía de turnos basados en las dichosas guardias. Claro que quería volver al trabajo, pero no olvides que cuando uno tiene familia las prioridades cambian. Una que otra guardia la podía hacer como era lo justo; sin embargo, un turno completo así no era razonable para mi rol de madre.

La última entrevista de trabajo a la que me presenté fue otra cosa…

Cuando llegué al lugar me encontré con alrededor de treinta candidatos a empleo. En vista de eso, no me quedó más remedio que resignarme porque sabía que iba a pasar allí todo el día. Lo primero que hice ante la espera fue tirarme un *selfie*[10] con la treintena de cazadores de oportunidades de fondo. De inmediato, lo publiqué en mi cuenta social porque me pareció que la suerte como que me acompañaba ese día; particularmente por el enfoque tan peculiar que sin provocarlo la cámara hizo sobre mí en la foto: «En busca de oportunidades, por mis hijos», así leía el texto esperanzador con el que la acompañé.

No te puedes imaginar la cantidad de tiempo que pasé metida en el ciberespacio recibiendo *likes* y contestando mensajes por la publicación; pero, también, dando *likes* a todo el contenido vacío que veía.

Ya casi me iba a dar la hora de buscar a la nena a la guagua escolar y no me habían llamado.

Justo cuando pensé en eso, lo hicieron.

De inmediato me puse de pie, y saqué a pasear a los mejores de mis modales[11] —según lo había practicado frente al espejo que seguía estando petrificado en la misma esquina de mi desordenada habitación— para saludar con cortesía a la persona tan «adorable» que se dio a la tarea de recibirme en su oficina con un aborrecimiento a la verdad admirable. Eso me desmotivó, pero ni pal carajo dejé que su alta dosis de animosidad me hiciera perder el encanto. ¡Tenía que coger a esa entrevista, si no por la cola, por los cuernos[12]! A esas alturas, para mí no había de otra.

—Usted, ¿es casada?
—No, soy divorciada.
—¿Tiene hijos?
—Sí, tengo dos hijos.
—¿Quién se los cuida?
—Me los cuida mi mamá.

Respondí a las tres preguntas necesitando que me pellizcaran porque no podía creer lo que se le había ocurrido preguntarme a la que resultó ser la dueña del hogar. Lo peor de todo, además de eso, fue que eso fue lo único que me preguntó. ¡LO ÚNICO!

Tan pronto concluyó la especie de interrogatorio descalificador me dio las gracias por haberla ayudado a cubrir la cuota de entrevistados. ¡Tremendo descaro! —y quien sabe si sinceridad. Su imprudencia me hizo sentir como la niña del preescolar que no comprende el porqué de la estrella dorada en su frente. Juro que lo que no podía creer no tenía nombre.

«Ojalá que a nadie nunca se le ocurra ser tan miserable con usted. Niña bájale al melodrama, y no te hagas la víctima. Tú misma te cavaste la tumba[13] con las respuestas que le diste. De qué te quejas ahora…

Tres preguntas, no jodas. ¡¿En serio?! No jodas...», toda esa verborrea incapaz de ponerse de acuerdo salió disparada por mi mente mientras sentía cómo los ojos se me brotaban en la medida en la que el nudo que se me formó en la garganta se tensaba.

—Supongo que la mayoría de los entrevistados le mintieron en la cara a la señora esa cuando se rehusaron a informar que tenían crías, porque la entrevista de ellos duró horas en comparación con la mía que no duró ni cinco minutos mal contados. No sabes la frustración que siento. Por primera vez me siento mal por ser madre, gracias a esa señora y a tres trapos de preguntas. ¡Qué se vaya a coger un curso de modales y otro básico de Recursos Humanos con URGENCIA...! Yo no tengo dinero para eso, pero te juro que estoy que me vendo para pagárselo. ¡Por gente así es que este país no vale na'[14]! —Me abrumé a mí misma con tal descarga mientras me daba una cerveza en la barra a la que solía acudir para ahogar mis penas a sabiendas de que tenía memoria.

¿Qué va a ser? Ni pal[15] diantre me atreví a publicar en mi red social el resultado de esa entrevista. Cómo iba a decepcionar a tanta gente que le dio *like* a la publicación que alentaba a la esperanza y que compartí tan pronto llegué a ese lugar. Mejor me reservaba el asunto, ya que lo que uno se reserva es como si nunca hubiera sucedido.

Los días sin trabajo esclavizada en la casa al cuidado de los nenes, Abu, sus amigas y el perro estaban acabando conmigo. No te digo ni cuántas libras ya había rebajado, porque de seguro me tratarías de embustera. Ahora bien, esa fue una clara señal de que era tiempo de retomar mis días de productividad. A la verdad que, si seguía en las que estaba, la vida me iba a dejar seriamente atrás.

Es cierto que el tiempo hace su trabajo. Poco a poco fue poniendo la decisión de progresar en mis manos. Abu, gracias a Dios, ya se había repuesto del accidente y estaba en condiciones de cuidarse por su cuenta. Con decirte que ya salía con sus amigas a mover el esqueleto y, si un doncito bien para'o[16] se le acercaba, también se ponía para lo suyo y le meneaba el bote[17] para aprovechar la oportunidad de despertarle al pajarito durmiente[18]. ¡A Dios, por qué no! Los nenes…, pues, era cuestión de orar para que mami me dijera que sí, que me los cuidaba.

Amaba la vida cuando estaba al cuidado de mis viejos, y quería volver a vivir esa vida.

Pasé varios días sin dormir, pensando en eso. Al final, me convencí de que tenía que retomar mis estudios; si quería tener mejores oportunidades de vida y volver a hacer lo que hacía. Eso lo tenía que hacer por mí, por los nenes y por los viejos.

Al día siguiente fui a la casa de mami y papi con los nenes para darles la noticia. Siendo honesta, estaba cagada del miedo. Creía que la reacción de ellos cuando les comunicara mi intención de retomar los estudios iba a ser la de siempre: «Ya viene esta con el mismo cuento». Y es que la mala racha que me gasté en esos tiempos tenía la culpa. Muchas veces los ilusioné con eso, y siempre, siempre, eso no fallaba, algo pasaba que no lo lograba hacer.

El olor a chuleta frita me dio desde que me bajé del auto. Ya me la estaba saboreando con una pelota de arroz blanco, habichuelas guisadas por encima, tostones de la finca y aguacate por el lado. ¡No! ¿Qué iban a estar cocinando en casa, lomo de cerdo en qué sé yo qué salsa con papas salteadas en la madre del diablo? ¡Hombre, no! ¡Qué va!

Abrí la puerta de la entrada diciendo: «¡Me huele, pero no me sabe![19]». Mami se asomó. Estaba bregando en la cocina, muy cómoda ella: en dubi[20] con la bata corta de algodón que tiene impreso en la espalda el gigantesco número 84 —si supieras los vellones[21] que le pegábamos con esa bata porque no se la apeaba[22]— y chancletas de playa; por lo menos, no decían Puerto Rico. Papi venía de camino por el pasillo igual de cómodo vestido que mami; pero sin el reguero de pinches metálicos, valga la aclaración. «¡Mira quienes están aquí!», se puso contento por los nenes, no tanto por mí. Lo de él conmigo era otra cosa, pero ahí íbamos.

Después de mí siguió llegando el vecindario; es que la casa de mami y papi era dulce para las hormigas[23]. Para qué te voy a decir que no, si sí. «Cuándo les podré dar la noticia», eso me tenía estresada porque, obvio, no iba a abrir la boca delante de todos.

En la televisión pasó la programación de las cuatro de la tarde, y nada. Pasó la de las cinco, y yo sin abrir la boca. La de las seis, y coquí coquí[24]. Cuando la programación de las siete de la noche estaba a punto de finalizar la nena metió las patas. Pero, gracias a Dios; porque de lo contrario me hubiera ido de vuelta para casa con el rabo entre las patas[25].

Estábamos todos en la sala; y cuando digo todos es todos: papi, mami, los nenes, mi hermana con el esposo y el resto del vecindario. A pesar de que la habitación estaba llena, lo único que se escuchaba era la televisión. Así de bueno estaba lo que estábamos viendo.

En medio del silencio, la ni muy tonta ni muy perezosa salió y dijo:

—¡A Dios, mamá! ¿Tú no les ibas a decir a abuela y a abuelo que vas a volver a estudiar?

Todas las miradas se fijaron en mí. ¡Qué horrible la sensación! Me sentí tan expuesta, como cuando te cogen desnuda en la bañera.

—¡No te metas en las cosas de los adultos! —le dije molesta.

—Esas no son cosas de adultos, y para qué me lo dijiste —tenía que contestarme así, sino no era ella.

—Bueno, nena. ¿Ella no dice que se lo dijiste? —me preguntó mami, metiéndose en la conversación.

—Sí, se lo dije; pero ella no tiene que estar repitiendo delante de la gente lo que uno le dice —le hice entender a mami.

—Es que eso no es nada malo. ¡Ay, Virgen! —comentó ella.

Como son las cosas, de un momento a otro pasé del bochorno a la felicidad; porque todos en casa me apoyaron cuando me siguieron preguntando por mi intención de retomar los estudios a consecuencia de la intromisión de la nena en el asunto. Es verdad que siempre hay alguien al que se le zafa el «ya era hora mija[26]», pero eso no me importó. Ese «ya era hora mija» significaba el deseo de ellos de que yo saliera hacia adelante.

Al otro día de dar la noticia en casa me levanté de la vida[27], y me fui para la universidad sin contar con que tenía varios documentos vencidos; y, hasta que no tuviera mis credenciales al día, no me podía matricular para darle continuidad a los estudios. Esa fue una de las tantas salvedades que me hizo la oficial señorona con culos de botella[28] que me atendió. Cualquiera diría que estaba allí para espantar a los interesados en estudiar en la Institución que representaba.

—Nena, pero por qué dejaste los estudios perdidos; si solo te quedan tres clases para terminar —también me dijo con muchísima imprudencia y poquitísimo tacto.

Supongo que para rematar también le pasó por la mente «otra más que se rajó[29]», y a pesar de que le expliqué con mucha educación las razones por las cuales había puesto en pausa los estudios mi mente se las ingenió para decirle dos o tres verdades…

—¡Pues me rajé, y qué! Pero me rajé porque no hay mal que dure cien años ni cuerpo que lo resista. O acaso, ¿usted no se ha rajado ni una vez en su vida, señora? —sé que esto último sonó feo, pero en la vida hay cosas más feas que esa.

¡Válgame, Dios! Mira que hice un trabajo emocional del carajo para que la señora que no sabía de términos medios no se fuera a dar ni chispa de cuenta de que mientras le hablaba con la boca como una santa le hablaba con la mente sin pelos en la lengua[30]. Pero, bueno, a la mierda con ella; que la doña no iba a hacer las cosas por mí. Menos mal que eso lo entendí, y, en menos nada, me puse para lo mío.

¿Quién dijo que no pasé las de Caín[31] buscando un documento por aquí y otro por allá, particularmente en las agencias del gobierno? ¡Na…! ¿Cómo va a ser? ¡Embustes son…!

Si el agente de la policía que me atendió en el cuartel hizo todo lo posible para que yo no estuviera del tingo al tango[32]; la enfermera del Departamento de Salud, que se estaba cayendo en cantos[33] —aparte de que tenía la casa metida en la oficina—, hacía todo lo posible por encontrar el papel de las vacunas entre el reguero de expedientes que tenía sobre una silla; y la chula[34] que encantada de la vida me estaba tramitando la renovación de la licencia de conducir no tuvo en mi cara una conversación por su celular sobre su vida, obra y milagros, en cualquiera de los tres casos: o nulos o triviales.

¡Por fin! Por fin tenía en mis manos las credenciales que necesitaba para matricularme los cursos en la universidad. Ahora solo me faltaba presentarme a mi alma mater para completar el proceso.

¡Sorpresa! La misma señora imprudente de sobra y con poco tacto, que me atendió la vez pasada, me volvió a atender en esta ocasión. «Con qué saldrá esta ahora», me pregunté.

Estoy segura de que, si hubiera jugado la lotería, no me pegaba como en ese momento.

—¡Aaah, sí! Tú fuiste la que dejaste tres clases colgando, ¿verdad? —¡Mire señora, cárguese[35] en su madre! Ni que de lo que estuviéramos hablando se tratara de un jodi'o[36] tendedero —perdona mi expresión bastante vulgar y de poco gusto, pero la gente así me saca.

Luego de vivir una odisea en las oficinas de servicios estudiantiles con la misma señora que vestía de puta madre y calzaba como el demonio[37] estaba lista para enfrentarme al primer día de clases. «¿Cómo me irá?», no dejaba de preguntarme desde que salí de esa oficina. «Después que no me toque con una profesora como ella, capaz de sacarme el monstruo, estamos bien», confieso con mucha honestidad que, en ocasiones, solo en aisladas ocasiones, era de mecha corta[38].

La noche antes del gran día no pude pegar el ojo. Por cada oveja que conté para encontrar el sueño me pregunté: «¿Cómo me irá?». Bonita forma de retomar los estudios: con unas ojeras del carajo. Al menos, eso era lo que esperaba ver en el espejo al día siguiente a consecuencia del conteo de las fastidiosas ovejas que no dejaban de balar en mis oídos.

Cuando dieron las cinco de la mañana me levanté azorá[39] y, más que azorá, perturbada. «¿Por qué sonó la alarma?», me pregunté estando en esas.

Por algún motivo, sentí la mañana rara. La dinámica para preparar a los nenes tan temprano resultó agotadora para los tres. El ajetreo de dejar a uno aquí y al otro allá fue algo nuevo para mí. Incluso, el camino hacia la universidad me pareció desconocido. El tapón y el tráfico me mantuvieron en jaque, y me pusieron en contra del reloj.

Al llegar a la universidad el guardia de seguridad me llamó la atención porque no tenía el sello del estacionamiento pegado en el cristal del auto. Esa fue la primera novatada. «Cómo va a ser, si no es la primera vez que estudio aquí», esa se me chispoteó[40]. A esa novatada le siguió el haber entrado al salón equivocado. Por suerte me di cuenta antes de conocer a los que por ningún motivo serían mis compañeros de estudio debido a que estaban matriculados en otro programa académico. La tercera novata del día, que apenas comenzaba, fue darme con una profesora que no perdonaba ni una: «Tienes que venir uniformada; menos cinco por la vestimenta». En ese momento no me quedó de otra, y tuve que activar mi sistema de autocontrol por el bien de la humanidad.

El guardia de seguridad se presentó al salón de clases seguido del mal rato que me hizo pasar la profesora y me indicó delante de todas las mentes de pollo[41], porque yo era una vieja al lado de los nenes de teta que tomarían el curso conmigo, que debía remover el auto de inmediato. «¡Puñeta, qué bochorno! Ni que fuera la jodía[42] presidenta de la universidad», pues, aparentemente; porque, en efecto, me había estacionado en el estacionamiento designado para el susodicho puesto.

«¡Algún día!», me dijo el guardia de seguridad para sacarme una sonrisa no sé de dónde. En cuanto a su payasada, no supe si matarlo.

Regresé al salón con ganas de salir corriendo, y, créeme, con lo impulsiva que era estuve a punto de hacerlo. Pero no sería la primera vez. La cosa no me olía a otra cosa que no fuera a decepción.

Durante la clase mantuve la mente ocupada en las pendejadas que me habían sucedido en las últimas horas de la mañana. Es que te levantas tan ilusionada, y vienen y te pasan cosas como esas que ni siquiera tienen sentido... «¿Qué voy a decir en casa cuando me pregunten cómo me fue hoy?», pensé en la respuesta que le daría a esa pregunta.

Ya estábamos a punto de finalizar la jornada del día cuando la profesora nos solicitó que compartiéramos nuestras expectativas sobre el curso. Cuando llegó mi turno ella me llamó la atención porque estaba en el limbo. Ese día estaba que no pegaba una.

—Mi expectativa sobre el curso —dije en singular, porque dos expectativas eran demasiado; con lo mal que me había ido en el día, pensé que mientras menos hablara mejor. Ya era suficiente con eso de que los compañeros me recordaran como «la menos cinco del salón», «la roba estacionamientos» o «la presidenta de pacotilla»— es aprender de usted, de los libros y de mis compañeros lo que corresponde en el curso.

—¡Esa es la actitud! —celebró la profesora, y no me preguntes por qué, y continuó hablando ante la clase con una efusividad tan envidiable que por un momento quise ser ella—: Termino la clase de hoy con un pensamiento que me ha llevado lejos —dio un paso firme hacia adelante mientras se quitaba los espejuelos que le acentuaban sus aires de intelectual—, y quiero compartirlo con ustedes: «Atrévanse a construir su conocimiento, y utilícenlo de la mejor manera para alcanzar sus metas».

Al parecer tuve que presentarme ese día a la clase y cometer las novatas que te conté para escuchar ese mensaje que transformó mi día de mierda en uno de victoria; porque a alcanzarla, precisamente, era a lo que estaba dispuesta.

NOTAS

y aquí unas cuantas notas
para que *nos podamos entender*

...

1. El término «mijita» proviene del diminutivo de la abreviatura de «mi hija», las madres por lo regular la utilizan con cariño cuando se van a dirigir a sus hijas.
2. La frase «un bombito al pitcher» es una expresión que se utiliza para indicar que algo es fácil de hacer.
3. El término «misifú» se utiliza en países hispanos para referirse a una persona por su carácter o personalidad peculiar.
4. El término «apagá» es lo mismo que «apagada».
5. La expresión coloquial «como bolsa de mierda» se utiliza en este contexto para describir la calidad del despido laboral al que se enfrentó el sujeto en cuestión.
6. El término «jodía» es lo mismo que «jodida».
7. La expresión «me paniquié» es lo mismo que «me asusté».
8. El término en inglés «*date*» es lo mismo que «cita».
9. El término en inglés «*window shopping*» hace alusión a la actividad de pasar tiempo mirando las vitrinas sin tener la intención de comprar alguno de los productos que en ellas se exhiben.
10. El término en inglés «*selfie*» se refiere a un autorretrato hecho generalmente con un teléfono inteligente con el fin de compartirla a través de redes sociales como Facebook, Instagram o Twitter.
11. La frase «saqué a pasear a los mejores de mis modales» es lo mismo que decir que «hice uso de mis mejores modales».
12. La expresión coloquial «tenía que coger a esa entrevista, si no por la cola, por los cuernos» en este contexto comunica la necesidad de tener el control sobre la entrevista.
13. La frase «tú misma te cavaste la tumba» es lo mismo que decir «tú misma te perjudicaste».
14. El término «na'» es lo mismo que «nada».
15. El término «pal» es lo mismo que decir «para el».

16. El término «para'o» es lo mismo que «parado».
17. El término «bote» es lo mismo que «trasero».
18. La expresión «pajarito durmiente» se refiere en este contexto al órgano genital masculino conocido como «pene» en su estado sexual de impotencia.
19. La expresión coloquial «¡Me huele, pero no me sabe!» se refiere a que no ha probado de comer lo que le huele.
20. El término «dubi» se refiere a una técnica en la que se utilizan pinches metálicos, la cual se emplea en la cabellera para alaciar el cabello y para que el secado dure por más tiempo.
21. El término «vellones» es lo mismo que «relajos».
22. El término «apeaba» en este contexto es lo mismo que «quitaba».
23. La expresión «dulce para las hormigas» es similar a decir que algo atrae.
24. La expresión «coquí coquí» es lo mismo que «nada».
25. La expresión coloquial «con el rabo entre las patas» se utiliza para comunicar arrepentimiento.
26. El término «mija» se utiliza para referirse a una mujer de manera peculiar.
27. La frase «me levanté de la vida» es lo mismo que decir «me levanté feliz».
28. La frase «con culos de botella» hace referencia de manera descriptiva al aumento significativo de los lentes de los anteojos.
29. La expresión «otra más que se rajó» es lo mismo que decir otra más que desistió o que se dio por vencida.
30. La expresión coloquial «sin pelos en la lengua» hace referencia a una persona que dice las cosas de forma directa, como son.
31. La expresión «que no pasé las de Caín» se utilizó en este contexto para indicar que en efecto la pasó mal como este personaje bíblico.
32. La expresión coloquial «del tingo al tango» es lo mismo que «de aquí y de allá».
33. La expresión «se estaba cayendo en cantos» en este contexto hace referencia al evidente deterioro físico de la enfermera.
34. El término «chula» se utiliza en este contexto para referirse a una mujer «creída».
35. El término «cárguese» se utiliza en lugar de «cáguese» para evitar pronunciar esta última palabra.
36. El término «jodi'o» es lo mismo que «jodido».

[37] La expresión «que vestía de puta madre y calzaba como el demonio» se utiliza para describir la vestimenta y el calzado de la persona en cuestión.
[38] La expresión «mecha corta» hace referencia a una persona de poca tolerancia.
[39] El término «azorá» es lo mismo que «azorada».
[40] El término «chispoteó» es lo mismo que «zafó».
[41] La expresión «mentes de pollo» se refiere a personas ignorantes.
[42] El término «jodía» es lo mismo que «jodida».

TRABAJEMOS JUNTAS
en *el lazo que nos une*

...

Aprendizaje

La educación y el aprendizaje resultan ser en su conjunto una herramienta invaluable para alcanzar el crecimiento humano óptimo desde el emprendimiento personal.

Hablamos de *educación* para referirnos a la formación que el ser humano recibe en vías de desarrollar sus capacidades al máximo, de acuerdo con su cultura y las normas que prevalecen en la sociedad a la que pertenece. Como consecuencia de esta formación se espera que este sujeto adquiera nuevos conocimientos o, en su lugar, refuerce los conocimientos previamente adquiridos por medio de la experiencia. A esto se le conoce precisamente como *aprendizaje*.

Ambos procesos van de la mano, y pueden iniciar en cualquier etapa de la vida humana. Aunque es importante que sepas que mientras más temprano se den respecto a aspectos básicos vitales, mejor. Esto se debe a que, en los primeros años de vida, la agilidad mental del ser humano es superior. Lo mismo ocasiona que el aprendizaje se dé mucho más rápido en estas edades en comparación con otras. Sin embargo, esto no quiere decir que el ser mayor sea un obstáculo para educarnos a fin de aprender. Por el contrario, esto lo que significa es que probablemente tengamos que hacer un esfuerzo mayor para lograrlo sin ignorar que todas aprendemos de distintas formas y a distintos tiempos; hecho que hay que reconocer, aceptar y respetar.

Así las cosas, la primera tarea a la que te vas a dar a tales fines es a descubrir cómo es que aprendes, o, al menos, cómo es que aprende el cerebro humano.

Pondera que la educación y el aprendizaje son a fin de cuentas procesos fundamentales y necesarios para alcanzar el crecimiento humano óptimo porque son ellos los que capacitan al ser humano en las áreas a dominar para emprender con éxito conforme con las metas que se ha establecido. Con base en esto, te garantizo que llevando a cabo un proceso de educación-aprendizaje adecuado, que no tiene por qué ser formal, podrás aprender lo que sea para lograr lo que sea. En última instancia, todo va a depender de tu actitud, compromiso, disciplina, constancia y persistencia.

De casualidad, ¿has escuchado o conoces el concepto «autodidacta»? Practícalo o conviértete en una persona de este tipo. Como a mí, te llevará lejos.

➤ EJERCICIO

Sin *reto* no hay aprendizaje para el crecimiento

↗OBJETIVO

Retar tus capacidades por medio de la educación y el aprendizaje sobre el tema que entiendas que es esencial para trabajar en tu propósito de vida, lo cual de seguro redundará en beneficio de tu crecimiento humano óptimo desde el emprendimiento personal.

↗MATERIALES

1. Material de estudio
2. Cámara
3. Impresora

NOTA: En caso de no contar con los materiales sugeridos, considera que puedes adaptar el ejercicio de acuerdo con los recursos que tengas disponibles.

↗INSTRUCCIONES

Identifica el tema sobre el que necesites educarte para ir tras tu propósito de vida. Para hacer esto, no es necesario que ingreses a una educación formal, ya que el tener acceso a la información pudiera ser suficiente para aprender por cuenta propia. Sin embargo, todo dependerá de su complejidad. De todas formas, sería conveniente que cuentes con el apoyo de lo que se conoce como un *mentor* (persona con dominio y experiencia en el tema de interés). Asimismo, visita bibliotecas; consulta fuentes de información confiables, variadas y vigentes, así como especialistas en la materia; ingresa a tutoriales; lee y escribe tanto como puedas.

REGLAS DEL RETO

☐ **R1.** Designa a una persona de confianza para que siga de cerca tu progreso a lo largo de este reto, y que de alguna manera te motive a completarlo.

☐ **R2.** Logra el reto dentro de un período de treinta (30) días. No pongas excusas. ¡Comienza YA!

☐ **R3.** Identifica otra materia que también sea esencial para el alcance de tus metas, si antes del período de treinta (30) días aprendiste y dominaste la materia principal de tu interés. Edúcate sobre ella dentro del tiempo restante hasta completar el período indicado.

☐ **R4.** Inicia el reto por un nuevo período de treinta (30) días, solo en caso de que dicho período haya culminado y todavía no hayas dominado el tema de interés. ¡NO abandones el reto!

☐ **R5.** Prémiate cada diez (10) días con algún detalle por el avance alcanzado con relación al reto que se te ha lanzado; puedes hacerlo con un simple gesto de reconocimiento verbal de tu parte siempre y cuando sea genuino.

☐ **R6.** Comparte tus conocimientos con otra persona, luego de haber aprendido y dominado la materia de interés dentro del período establecido. Esta experiencia te ayudará a internalizar mejor el conocimiento adquirido durante este tiempo.

☐ **R7.** Celebra: ¡RETO GANADO!

NOTA: Al cumplir con cada una de las reglas del reto, haz una marca de cotejo dentro del recuadro correspondiente ☑; así sabrás donde te encuentras respecto a este.

IMPORTANTE: Tómale una foto al ejercicio y pégala en el espacio provisto en la próxima página, así podrás documentar el trabajo que has realizado para alcanzar el crecimiento humano óptimo desde el emprendimiento personal.

MI EJERCICIO EN UNA FOTO
pega aquí una foto *del ejercicio completado*

ENTRE MIS PENSAMIENTOS Y YO
anota aquí tus reflexiones *sobre el capítulo*

ENTRE MIS PENSAMIENTOS Y YO
anota aquí tus reflexiones *sobre el capítulo*

_____
_____
_____
_____
_____
_____
_____
_____
_____
_____
_____
_____
_____
_____
_____
_____
_____
_____
_____
_____
_____
_____
_____
_____

ENTRE MIS PENSAMIENTOS Y YO
anota aquí tus reflexiones *sobre el capítulo*

¿3R35 C4P4Z
D3 L33R E5T0?

«Reconozco la importancia de ayudarnos a superarnos en todos los ámbitos en los que las mujeres nos encontramos. Este es el tiempo de la sororidad y las lideresas. Resulta imperativo el poder fomentar la solidaridad y el mutuo apoyo, y rechazar tenazmente la crítica que divide y minusvalora».

. . .

Hna. Widalys Meléndez Torres
Religiosa de las Hnas. Misioneras del Buen Pastor
y Directora Ejecutiva del Centro Buen Pastor, Inc.
—44 años—

EMPODERAMIENTO
en verso

...

Sueño con el mañana
sin dejar de tocar tierra,
viviendo mi hoy,
forjando mi futuro
sin olvidar lo que soy;
una mujer entera.

EMPODERAMIENTO

Si alguien es capaz de crear las condiciones propicias para conseguir lo que quiere,

esa soy yo.

• • •

Te miento si te digo que la decisión que tomé de retomar los estudios no me estaba trayendo por el camino de la amargura. Los primeros tres meses fueron como regresar a los terribles tres como les llamamos las mamás a la etapa de vida de los niños cuando llegan a esa edad. Grité, lloré y pataleteé; poniéndome a la capacidad de mi hijo.

A veces, cuando él me veía en esas, ponía cara de confusión. Me imagino que pensaría: «No se supone que sea yo el que actúe así». En resumen, en momentos como esos, nadie sabía quién era quién en casa.

No puedo negar que ese fue un tiempo que, aunque me pegó en la madre como te estaba contando, me llenó de tanta satisfacción que me motivé a ir por más; y de todas, digo yo, esa fue la parte que apuntó hacia mi transformación académica y profesional. La personal, ya hace tiempo que se venía dando a fuerza de cantazos.

Sin duda, las cosas comenzaron a tomar su forma en la dirección correcta cuando me di la oportunidad de asistir a las actividades extracurriculares que se ofrecían en la universidad en la que estudiaba. ¡Jum! Para que veas cómo son las cosas, antes prefería meterme el dedo en la boca con tal de no ir y participar de ellas. Y no me culpo, desconocía que esas actividades estaban dirigidas a desarrollar a los estudiantes en diferentes áreas; justo lo que yo necesitaba para salir de la engañosa zona de comodidad a la que todos le deberíamos huir como presa a su depredador.

A la hora en punto salíamos del salón aproximadamente veinticinco estudiantes que, en su mayoría, se esparcían como la pólvora a lo largo del trayecto que nos llevaba hasta el auditorio de la universidad en el que por lo regular tenían lugar las actividades de las que te estoy hablando. En ocasiones, solo llegábamos uno que otro gato y yo, y cuidado que estoy siendo bastante conservadora con los números. Sin embargo, eso fue lo mejor que me pudo haber pasado porque, prácticamente, tuve a los conferenciantes a mi disposición. —¡Ojo! Volvamos atrás. Te pido que no vayas a confundir con egoísmo lo que acabo de mencionar; te aclaro que lo único que yo hice fue aprovechar las oportunidades que otros desperdiciaron.

No te niego que en ocasiones bostecé más veces de lo que lo hago cuando me da sueño, porque mira que había charlas en las que el mismo conferenciante con su ánimo arrastra'o[1] y la pasta[2] con la que se conducía inducía la pesadez esa que da después de la hora del almuerzo o, en el peor de los casos, al sueño profundo. Aun así, esa fue la excepción a la regla.

El primer conferenciante que me enganchó, pero que te digo que eso fue otra cosa, fue un joven con una capacidad de oratoria increíble. Había sido invitado por la universidad para ofrecer una charla de motivación personal, de la que participé ya no tanto por los pantalones de algún profesor. Era evidente que estaba madurando y, con eso, progresando.

El recurso arrancó su presentación yendo directo al grano, y valiéndose de una pregunta muy peculiar:

—¿Saben cuál es el lugar que está lleno de sueños que nunca se cumplirán? —En la audiencia pensábamos qué responder a la interrogante que además nos sacudió a todos por igual, a excepción de a dos o tres idiotas que no sé a qué fueron; a joder, seguramente.

Como las respuestas de la audiencia brillaron por su ausencia, luego de un tiempo razonable, el conferenciante insistió en cuestionar siguiendo la misma línea de pensamiento de la pregunta anterior:

—¿No saben cuál es el lugar en el que reposa la cura del cáncer, la historia que prometía convertirse en un Best Seller, incluso, el amor que nunca se declaró? —Todos nos seguíamos mirando con caras de «de qué carajos habla este»—: ¡¡¡Wooow!!! —el hombre no tuvo reparos en expresar abiertamente asombro ante nuestra incapacidad crasa para responder a su pregunta—. ¡¿Qué no saben cuál es el lugar al que se fueron a dormir los sueños para siempre?! —En esta ocasión, él insistió; pero esta vez lo hizo con una contundencia en su voz que, por lo menos a mí, me hamaqueó[3] de manera semejante a como lo hace la onda de un temblor.

Quién rayos se iba a imaginar que el conferenciante, que hasta el don de la palabra tenía, se refería al cementerio; cuando la charla era de motivación. Pero así, con esa reflexión que fue directo al hígado de los que teníamos oídos para escuchar, continuó con lo suyo dejando a la audiencia bastante perpleja.

—¡Ey…! ¿Para dónde van? Les tengo una última pregunta y, si quieren, después se pueden ir. —Ya casi a punto de finalizar la actividad el motivador nos llamó la atención con una actitud evidentemente paternal. Vergüenza ajena me dio por los que todavía era la hora y no se sabían comportar. Se alborotaron cuando creyeron que la actividad había llegado a su fin. Menos mal que al escucharlo cooperaron, y le prestaron atención a la última pregunta que nos hizo con un tono de intriga maquiavélico—: ¿Te llevarás tu sueño a la tumba? —Solo le faltó cerrar su perturbadora intervención con el típico «¡Bua, ja, ja, ja, ja!» para que yo me cagara del miedo en público.

A mala hora a ese hombre se le ocurrió despedirnos con semejante pregunta, con decirte que con lo único que soñé esa noche fue con la supuesta tortura que se vive después de la muerte. «Quién me habrá mandado a dejar asuntos pendientes», no me podía dejar de reclamar con el enojo que enoja del enojo.

Si, imagínate, me encontraba metida en una caja de madera hecha leña. Estaba ahí dentro enredada en una extensa telaraña que ya había deteriorado al vestido de encajes horripilantes que cubría a mi cuerpo invadido por el efecto de la parálisis del sueño mientras que un reguero de bichos[4] raros se paseaban por encima de mí y los huecos que hacían en la tierra. «¡Auxiliooo!», gritaba la voz de mi mente muda.

La parálisis, la plaga y la claustrofobia tenían a mis pulmones en las mismas que a mi corazón: temiendo a que el próximo de mis respiros le diera paso a la muerte de mis órganos. ¿Y mis sueños…? ¡Putos sueños de mierda! No se conformaron con verme en esa situación tan fatídica. Salían a mi encuentro al azar para atormentarme con su presencia y reclamarme con sus voces atemorizantes: «¿Por qué, si podías, no lo hiciste?». No sé cómo rayos, pero se habían convertido en horrorosos fantasmas a los que se les perdió la luz por haberme negado rotundamente a darles la oportunidad de materializarse cuando así me lo pidieron; es que te digo: soy tremendita.

«¡Bonita la manera que el flaco ese escogió para motivarnos!»; pero, como yo soy al revés de los cristianos[5], al parecer que el refuerzo negativo al que él nos expuso durante la charla funcionó conmigo. A primera hora de la mañana del día siguiente comencé a trabajar por mi causa; y cómo, fue la jodienda.

En el proceso de asistir a las actividades como las que ese conferenciante dirigió con una especie de humor negro aprendí a ser lista. Muy lista. Me acostumbré a no irme de ellas sin intercambiar información de contacto con esa gente que tenía el conocimiento que yo necesitaba para trabajar por mi meta o que tenía la capacidad de estimular todo el espectro de mi motivación para alcanzarla. Esa era una de las tantas cantaletas[6] que mi hermana, otra de mis conciencias, tenía conmigo: «Una buena carrera profesional se forja en torno a las relaciones que no tienen que ver con corazones pendejos atraídos por penes», me advertía con una seriedad que mínimo ocasionaba risa.

Las primeras veces no me acerqué a esas personas por miedo, lo acepto. «¿Quién te va a comer?», me preguntaba ella en seco cuando le contaba de lo que me había cohibido de hacer o decir por el susodicho. «¡Maldito el miedo, y el que te lo mete también!», me decía sin aludir al doble sentido porque como psicóloga estaba totalmente convencida de que el miedo no existe hasta que alguien lo crea o lo infunde; cosa que, al parecer, me entraba todas las veces por un oído y me salía por el otro porque ahí iba la pensuaca[7] de MISMA[8] y se tiraba de pecho para caer directito en la trampa que desde lejos avistaba.

Pero nada, eso era antes; cuando era estúpidamente pachosa[9]. Gracias a Dios y a la Virgen Santísima, ya no soy así; porque, te digo una cosa, lo peor de ser así era que siempre me iba de esas actividades decepcionada conmigo misma. Me iba con las ganas de haber hecho lo que no hice, y después me reprochaba como senda[10] pendeja: por qué…, por qué…

La maldición esa, del jodi'o[11] miedo insertado en mi cerebro como un puto chip, la rompí con la persona que menos esperaba —es que no sabes lo bien que se me sigue dando lo de torpe.

No sé en qué momento se me ocurrió abrir la boca para interrumpir a otro conferenciante, que en una ocasión estaba dictando una charla acerca del cuidado humanizado —filosofía con la que quería operar el hogar de pacientes geriátricos que esperaba establecer—, con el propósito de hacerle un comentario que, para mi sorpresa, fue muy acertado y llamó mucho su atención.

—Si le es posible, acérquese a mí al finalizar la actividad para compartir con usted otras impresiones en cuanto a eso —me sugirió con un profesionalismo encantador el hombre que hacía su disertación demostrando poseer gran dominio sobre el tema.

Cuando la actividad finalizó le tomé la palabra al papacito[12] y, aunque con una timidez de puta madre, me acerqué a él. Ya hubiera querido que sus intenciones conmigo fueran las que estás pensando, pero no. Por el momento: «¡Mala mía!».

Además de intercambiar conmigo ciertas impresiones con las que ambos coincidimos me invitó a participar de una investigación que iba a ser liderada por su persona, y que estaba a punto de iniciar. Ese fue otro momento en mi vida de «trágame tierra[13]», porque pensé: «Con quién se creerá este buen hombre que estará hablando». Yo era una estudiante que apenas cursaba un grado asociado en Ciencias de la Salud, y no creía estar al nivel de su propuesta.

Aquí abro literalmente un breve paréntesis para resaltar que ese fue por mi parte un claro y vergonzoso acto de autosabotaje que me hizo dejarle saber a un total desconocido cuáles eran mis credenciales académicas y aspiraciones profesionales con una actitud de absoluta nulidad a mis méritos.

No me mal entiendas. No es que no estuviera orgullosa de mí y de lo que quería en la vida; pero, vamos, la realidad era que me encontraba en el nivel más básico del estudio de la enfermería y no estaba segura de que eso fuera lo que él estuviera buscando. Simplemente quería ser honesta con el hombre que ni los codos tenía feos, pregúntales a mis ojos.

De nuevo, para mi sorpresa, el conferenciante me indicó que eso no tenía nada que ver y que, de hecho, le interesaba apoyarme en mi proyecto.

«¡Benditas sean las primeras veces!», celebré después de mi hazaña, aunque torpe, bien lograda; porque después de esa el miedo lo metí en la gaveta[14].

A la larga ese recurso se convirtió en mi mentor por excelencia. Era experto en el tema de mi interés. ¡Lo necesitaba! Necesitaba conocer más acerca de ese tema, así como todos mis sentidos necesitaban percibir lo que fuera de él para mantenerse agudizados.

Por aquello de rendir cuentas, el resultado de mayor valor de esa primera vez fue una fuente inagotable de información y de apoyo a la distancia. Y te digo qué otra cosa más resultó de esa primera vez: una relación de las que precisamente mi hermana me advirtió; que así, sin más, le dio de qué hablar a mis sueños y le echó chispa a lo que queda de estos relatos.

Después de haber conocido a un hombre de su tipo no cambié la persona que era por él. En serio, ¿para qué? Lo que sí hice fue simpatizar un poco más con la computadora, el internet y todas las madres; ya que no era muy tecnológica que digamos y si me quería mantener en contacto con él, porque residía en La Gran Manzana, me tenía que poner al día en el uso y el manejo de esas cuestiones a como dé lugar.

A consecuencia de la muerte súbita de mi computadora me vi en la necesidad de visitar con más frecuencia la biblioteca de la universidad. ¡Grrr…!

Hasta que no terminaba los trabajos relacionados con los estudios y hacía una que otra cosa adicional relacionada con mi proyecto del hogar o con el proyecto del que apodé como «Él», porque sí, porque Él era Él, no me iba para casa. A veces, ni comía en todo el día, ya fuera por falta de tiempo o de dinero. En esas estuve durante casi todo el período que me tomó terminar los estudios; era eso o dejarlo todo perdido.

Las experiencias que como esas fui teniendo me ayudaron poco a poco a encaminar mi futuro laboral mientras cursaba mis estudios y sentía resucitar a mi corazón gracias al profesionalismo y a la caballerosidad del mismo hombre; que, si me dejas, sigo hablando de él como si no hubiera un mañana.

La visita a la universidad de un movimiento de mujeres emprendedoras se sumó a esas experiencias. *Diez historias de éxito de mujeres como tú*, fue el título del conversatorio. En efecto, la actividad consistió en presentar el testimonio de diez mujeres que, aunque con trasfondos diferentes, alcanzaron sus metas aun cuando creían que no contaban con las competencias o los recursos necesarios para lograrlo.

Una decena de mujeres emprendedoras se presentaron ante mí desplegando esperanza y sororidad. Cada una me dio una bofetá[15] que me dejó tuerta. ¡En serio! Sus testimonios me hicieron pensar de más.

Historias de éxito, como te dije, de mujeres que estuvieron en situaciones similares a la que yo me encontraba en ese momento tan complicado de mi vida.

Algunas hasta desvalidas, física y emocionalmente; víctimas de abusos y atropellos. Sin embargo, las peores condiciones que te puedas imaginar no detuvieron sus deseos de materializar sus sueños.

El denominador común de todas las historias que conocí esa tarde fue ese algo que todas tenemos, pero que no todas estamos dispuestas a darle una oportunidad; por la razón que sea…, por falta de confianza, por inseguridad, por desgano, por vagancia, por falta de apoyo, por sin vergüenzas, por lo que sea…

Algo, algo tenían esas mujeres. Una aspiración…, un deseo…, una habilidad de la que se valieron para echar a andar sus sueños a los que nadie apostaba, en los que solo ellas creían y de los que todos se burlaban porque en la mayoría de los casos era más fácil creer que «las hormonas femeninas no dan pa tanto».

Ese conversatorio, amiga mía, sí que cumplió su cometido. Fue inspirador para los asistentes en todos los sentidos debido a que tuvimos la oportunidad de conocer la historia detrás del éxito de cada una de ellas que, muchas veces, es la parte de la historia que no se llega a conocer; pero, te digo una cosa: para mí esa es la parte de la historia que lleva nuestro sello personal.

De todas, la historia que más me llamó la atención fue la de una señora mayor que superaba los sesenta y cinco años de edad, a pesar de que lucía de cincuenta. Se mantenía, como decimos nosotras; de seguro por toda la actividad física que había realizado a lo largo de la vida que, como ella misma expresó, le había pegado duro. Por lo menos, eso me constó. Lo pude evidenciar en su voz quebrantada cuando compartió algunas anécdotas personales, en el cansancio que a pesar de su optimismo se anunciaba en su mirada y en las grietas que hacían deslucir sus manos avejentadas. Ojo, aun así, reitero que se conservaba.

Ella no tenía estudios superiores a grados elementales, ya que desde pequeña se tuvo que quedar en su casa remendada con cantos de madera y zinc para ayudar a su mamá en la crianza de quince hermanos que eran menores que ella. Pero lo grandioso de su historia no fue eso, porque en esa misma situación se criaron muchos en antaño, lo grandioso de su historia fue la actitud que asumió ante la vida y sus circunstancias para mejorar sus condiciones.

Según su relato, la historia de su éxito se debió a que muy temprano en la vida, y por las experiencias de adulto a las que se tuvo que enfrentar a tan temprana edad, aprendió a manipular las situaciones a su favor.

Cuando tenía 23 años, y la necesidad económica la apremiaba, decidió establecer un concepto de negocio con base en sus habilidades en la siembra, el cultivo de la tierra y la sazón. Según ella, la vida en el campo era lo único que conocía. Precisamente, de eso fue de lo que se valió en su caso, como te mencioné hace un momento: para crear sus oportunidades de sustento y progreso.

Sin estudios en alguna profesión, sin formación como empresaria, sin pareja —porque enviudó a los pocos meses de tener a su último hijo— y con una familia compuesta por ocho retoños que se multiplicaron como las güimas echó hacia adelante el negocio familiar que en la eventualidad siguió creciendo.

Eso lo logró sola, con el conocimiento que poseía en una época en donde la economía relacionada con la agricultura había pasado a la historia. El apoyo de su familia vino después, cuando el negocio ya estaba estable. ¡Sí! Todos llegaron en manada a pellizcar la pechuga cuando ella estuvo sola en el hueso. ¡Qué se le va a hacer! Such is life[16].

Hoy por hoy ella es el cimiento de las generaciones de su familia que están y estarán por venir. Hoy por hoy su negocio es uno de los más sólidos y rentables en un sector liderado comúnmente por varones. Hoy por hoy ella es inspiración para cualquier persona que desee superarse a sí misma; independientemente del discurso generado acerca de las diferencias de género que, lejos de acercar a hombres y mujeres, los enfrasca en una guerra de sexos sin sentido.

Con su testimonio, la que evidenció ser fajona de sobra, despertó en mí la chispa que traía apagada en el trasero. «¿Cómo esa mujer pudo conseguir tanto y conservarlo a lo largo de los años con tan poco a su disposición?», esta es la pregunta que te estarás haciendo ahora y que yo me hice en ese entonces.

A diferencia del resto de las mujeres que la acompañaron ese día en el conversatorio, ella alcanzó sus sueños en una época muy distinta. En donde los recursos, aun si pertenecías a una clase social acomodada, que no era su caso, eran limitados; porque antes, por ejemplo, no existía la tecnología, la informática y otros recursos o herramientas para ir más allá de lo que era posible. ¡Y ella lo logró! Por esa mujer entendí que, tener una meta y los recursos necesarios para alcanzarla no son suficientes, hay que trabajar duro por ella y ser altamente persistente.

La esposa, madre, amiga y empresaria terminó su discurso con cuatro preguntas, a mi entender, claves:

—¿Tienes un sueño? ¿Ese sueño, se puede materializar? ¿Consideras que estás loco o loca? Si es así, es muy probable que tengas la actitud que necesitas para emprender. Entonces, ¿qué estás esperando? —pronunció esa pregunta con coraje, como si le disgustara ver tanto fundillo sentado en la audiencia escuchándola sin hacer nada para ir tras sus sueños—. Hazme un favor, párate de esa silla y ¡MUÉVETE…!

Últimamente estaba que todo me lo tomaba literal; por lo que, cuando escuché su directriz, me paré de la silla y me fui. Si no me equivoco, fui la única en el auditorio en seguir las instrucciones al pie de la letra. Cuando me vio, ella abrió la boca y dijo:

—¡¿La ven?! Esa mujer va por lo suyo. Espero que así sea, y no se haya levantado para ir al baño —la escuché bromear mientras iba de camino por el pasillo; y no me estuvo malo. Por el contrario, me eché a reír a pesar de que quedé retratada para la foto.

Te juro que no sentí envidia por lo que esas mujeres habían conseguido. «Soy única como todas», me agarré de esa convicción para no distraer a mi mente con comparaciones femeninas banales y absurdas, y continuar luchando por lo mío. Desde ese momento, no hubo silla que no me recordara que me tenía que mover y que, peor todavía, relacionara con el fundillo de los vagos que se sientan a esperar que del cielo les caiga un milagro que haga el trabajo difícil por ellos.

Dirigir mi propio hogar para pacientes geriátricos era el deseo que no se me salía de la cabeza; como cuando se te pega una canción, pues así. Pasé la noche de ese día desarrollando un listado exhaustivo para hacerme consciente de todo lo que tenía que hacer para lograrlo. Por poco acabo una libreta, porque mira que tenía que meterle horas de trabajo a la cuestión si eso era lo que quería conseguir por mi cuenta.

Para empezar, tenía que terminar mis estudios; tomar varias certificaciones relacionadas con el cuidado de viejos, no porque las necesitara, sino porque quería estar bien preparada; educarme sobre temas relacionados con los negocios, porque no tenía ni puta idea de lo que tenía que hacer para establecerlo y administrarlo; entre otras cosas relacionadas más bien con mi personalidad y actitud que, entre las dos, tenían más potencial negativo que positivo.

La pregunta obligada que vino después de hacer esa lista fue: «¿Cómo lo voy a hacer?». Solo estaba estudiando, así que no tenía los recursos económicos para poner mi plan en acción. Por estar limitada en ese sentido no me quedó de otra que ir trabajando con lo que estaba a mi alcance; la cosa era moverme.

No tienes idea de todo lo que había adelantado después de un tiempo de arduo trabajo, ¡y sin un peso en el bolsillo! Fue en ese momento en el que entendí que, en mi caso, la falta de dinero había sido por mucho tiempo la excusa perfecta para no hacer nada que me ayudara a adelantar mi causa.

En ese proceso, el Internet fue de mucha utilidad para mí; porque por medio de él tuve acceso a la información que necesitaba para seguir adelante con mis estudios, mi proyecto y el proyecto del que estaba participando con el hombre que me hacía flaquear cada vez que venía a mi mente sin invitarlo a pasar.

Otra de las cosas que se me ocurrió hacer en medio de ese proceso, en el que ya mi familia casi no me veía el pelo porque siempre estaba ocupada, fue eliminar de las redes sociales a las personas que no aportaban nada de valor a mi vida y, junto con ellas, a todas las porquerías que por esos medios se aparecían. A cambio de eso, comencé a seguir a personas de alta influencia que fomentaban el crecimiento humano; pero fuera de todo ego y con los pies bien puestos sobre la tierra. Créeme que de eso fue algo de lo que me aseguré de hacer.

De igual manera, me empecé a rodear de personas que me pudieran servir de modelos; o sea, que mi círculo de amistades se redujo a unas cuantas. Sin embargo, esas eran las amistades que necesitaba que estuvieran cerca de mí en ese momento de mi vida. Total, que a muchas de ellas me di incondicionalmente ignorando que cada vez que lo hacía perdía pedazos de mí que ya no se podían reponer —en esta sí que me fui profundo.

No había momento más preciso que ese para también cambiar la mentalidad que me gastaba de pobre; y, por Dios, no hablo de dinero en el sentido estricto. Hablo de pura mentalidad. Te aseguro que, al poco tiempo de hacer el intento, la Misma había dejado de ser la misma. Solo era cuestión de hacer un cambio en el suiche cognitivo para que se comenzaran a generar resultados concretos y significativos que apuntaran a una futura abundancia en muchos aspectos de mi vida.

Di otro paso hacia adelante cuando comencé a aprender acerca del mundo de los negocios. En un par de meses me había formado como empresaria cuando tomé un curso básico que reforcé con libros de textos que compré, información que encontraba en el Internet y unas cuantas personas expertas en el tema a las que me acerqué. Además de que en cuanta actividad había, ahí iba y me metía. Lo importante no era acerca de qué iba a aprender, lo importante era el aprendizaje en sí.

Me sentí orgullosa de mí cuando puse en práctica el conocimiento que había adquirido a lo largo de ese tiempo. Ya tenía en mis manos el plan de negocio que desarrollé por mi cuenta y que me ocupé de revisar junto a compañeros que dominaban la materia. El resultado del esfuerzo fue un plan de negocio viable para establecer mi propio hogar para pacientes geriátricos; ahora solo estaba a la espera de darlo a conocer para que alguna institución financiera apostara por él y por mí.

Ya te podrás imaginar que fueron días, semanas y meses intensos los que pasé armándome de múltiples herramientas que me ayudaran a desarrollarme y a visualizarme al otro lado del charco cuando, por ejemplo, pasé la reválida para ejercer mi profesión con todas las de la ley. —¡Wuuuju! Confeti pa mí.

Aunque no lo creas, mi apoyo a la distancia formó un bembé[17] con sus amistades por los niuyores[18] a mi nombre. Después de festejar se volvió a comunicar conmigo mediante una videollamada. Deseaba expresarme lo que pareció ser un compromiso de su parte, y que hizo que yo experimentara una emoción que se sentía a amor de una manera muy diferente: «Misma... sabes que tu caminar es mi caminar». Así que, si me preguntas por qué Él: porque él me enseñó a alzar vuelo cuando otros no creían que pudiera volar.

NOTAS

y aquí unas cuantas notas
para que nos podamos entender

...

1. El término «arrastra'o» es lo mismo que «arrastrado».
2. El término «pasta» en este contexto es lo mismo que decir «calma».
3. El término «hamaqueó» es similar a decir «sacudió».
4. El término «bichos» es lo mismo que «insectos».
5. La expresión coloquial «al revés de los cristianos» se utiliza para describir a una persona que actúa o reacciona de manera distinta a los demás.
6. El término en plural «cantaletas» se refiere a la repetición de algo, lo cual resulta fastidioso por su recurrencia.
7. El término «pensuaca» es similar a «pendeja».
8. El término «Misma» se ha vuelto muy popular en países de habla hispana, se utiliza para referirse a la persona misma.
9. El término «pachosa» es lo mismo que «tímida».
10. El término «senda» es lo mismo que «tremenda».
11. El término «jodi'o» es lo mismo que «jodido».
12. El término «papacito» se utiliza en este contexto para indicar que en realidad a la persona le parece que el hombre al que se refiere tiene buen aspecto físico.
13. La frase «momento de trágame tierra» se refiere a un momento bochornoso.
14. La expresión coloquial «el miedo lo metí en la gaveta» es lo mismo que decir «el miedo lo dejé a un lado».
15. El término «bofetá» es lo mismo que «bofetada».
16. La expresión en inglés *such is life* en español significa «así es la vida».
17. El término «bembé» es lo mismo que «festejo» o «celebración».
18. El término «niuyores» se utiliza para hacer alusión a las calles de New York.

TRABAJEMOS JUNTAS
en *el lazo que nos une*

...

Empoderamiento

El *empoderamiento*, en este caso personal, tiene mucho que ver con el empleo de la *autodeterminación* y la *autogestión*. Ambas acciones de carácter completamente intencional conducen a las personas, por lo regular, al cambio relacionado con las circunstancias que persiguen en sus vidas. Precisamente, esto de lo que te estoy hablando lo pudiste observar con claridad en este capítulo por medio del personaje de nuestra protagonista.

A grandes rasgos, el empoderamiento personal es justo lo contrario a lo que se conoce como *indefensión aprendida.* La indefensión aprendida es una sensación subjetiva de no poder hacer nada frente a una situación indeseada, a pesar de que existan oportunidades reales para cambiarla. Esto es así porque por distintas razones la persona ha aprendido a reaccionar de esta manera ante situaciones similares a las que ya ha experimentado. Dicha sensación provoca que esta siga viviendo bajo las condiciones que tanto detesta; ya que es un fenómeno psicológico que limita al sujeto en sus esfuerzos por cambiar con miras a progresar.

Esto es bien parecido a como cuando la rutina te agobia, y a pesar de eso no haces ni siquiera el intento por crear una nueva que se ajuste a tu realidad y deseos actuales, no la sustituyes por una más interesante o, al menos, no le haces algún cambio; aunque este sea sutil para experimentarla de una manera diferente.

El empoderamiento, por el contrario, es sinónimo de *determinación*, de *acción* y de *poder*. Esta herramienta nos permite emprender a pesar de los riesgos que impliquen los desafíos. Su puesta en práctica nos impulsa a desarrollar las habilidades necesarias para crear por cuenta propia las condiciones propicias que nos lleven a tener una vida, o alcanzar una meta, deseada como parte del proceso de emprendimiento personal.

EJERCICIO

Tablero de emprendimiento personal

OBJETIVO

Aplicar los principios básicos de la planificación estratégica con la intención de conducirte con éxito hacia el anhelado crecimiento humano óptimo desde el emprendimiento personal.

↗ MATERIALES

1. Plantilla del tablero de emprendimiento personal.
2. Lápiz o bolígrafo.
3. Cámara e impresora.

NOTA: En caso de no contar con los materiales sugeridos, considera que puedes adaptar el ejercicio de acuerdo con los recursos que tengas disponibles.

↗ INSTRUCCIONES

Se supone que ya estés empoderada, por lo que ahora te toca tomar acción. Comienza por completar el tablero que aparece en la página 247, dejándote llevar por la leyenda que se presenta a continuación y que te explica en detalle los conceptos que vas a trabajar a lo largo del ejercicio.

LEYENDA

◎ VISIÓN

En este caso, la *visión* es una proyección de la vida a futuro con base en nuestro propósito de vida. Se espera que dicha visión la vayamos alcanzando en la medida en la que trabajemos por ella a diario. Por lo tanto, se puede decir que esta es una meta a largo plazo. Procura que la misma sea realista, medible y alcanzable. Para redactar tu visión pregúntate y contesta lo siguiente en el espacio correspondiente en el tablero: ¿Cómo me veo de aquí a 10 o 15 años?

💪 MISIÓN

La *misión* hace referencia a nuestra razón de ser. A diferencia de la visión, la misión es una meta a mediano plazo; y es la meta que nos va a permitir alcanzar nuestra visión como seres humanos. ¿Qué voy a hacer a diario para cumplir con mi visión? Este es el cuestionamiento, entre otros enlistados a continuación, que más vale que te hagas para que desarrolles una misión bien estructurada y a la altura de tus aspiraciones. Cuando lo hagas, organiza las respuestas con coherencia. Forma con ellas una oración comprensible.

☐ ¿Qué voy a hacer a diario para aportar al alcance de mi visión?

☐ ¿Para quién o quiénes lo voy a hacer?

☐ ¿Cómo lo voy a hacer?

☐ ¿Con qué fin lo voy a hacer?

💡 FILOSOFÍA

En todo emprendimiento personal es esencial contar con una *filosofía* o pensamiento que sea el que motive y guíe tus acciones a lo largo del proceso. Para propósitos de este ejercicio, identifica una que represente tu visión como ser humano o que te aliente a seguir adelante hasta lograr lo deseado. Esta filosofía podrá ser de la autoría de otra persona, o bien podrá ser de tu creación con base en tus creencias, principios o valores.

⚑ OBJETIVOS

A diferencia de los conceptos anteriores, los llamados *objetivos* son metas a corto plazo. Lo mismo implica que, en la medida en la que vayas alcanzando estas metas, vas a alcanzar a su vez otras de mayor complejidad como lo son la misión y la visión que ya repasamos; por lo que el tiempo será un factor determinante para su alcance. Estas metas también deben ser realistas, medibles y alcanzables; ya que, a fin de cuentas, se convertirán en los indicadores de medición tanto de tu misión como de tu visión. Como en el caso de la misión, hazte las siguientes preguntas y organiza las respuestas en una oración comprensible. Esto lo vas a hacer para cada uno de los tres (3) objetivos principales a trabajar en este ejercicio.

☐ ¿Qué puedo hacer a favor de mi misión?

☐ ¿Cómo lo voy a hacer?

☐ ¿Con qué fin lo voy a hacer?

☐ ¿Dentro de qué tiempo lo voy a hacer?

Actividades

Para cada uno de los objetivos del ejercicio, indica cuáles serán las principales actividades que deberás llevar a cabo con el propósito de poder cumplir con ellos.

Recursos

De manera similar al punto anterior, por cada objetivo menciona los recursos con los que deberás contar para llevar a cabo las actividades ya enlistadas en el objetivo correspondiente. Solo menciona aquellos que consideres esenciales para su alcance.

Personas

Solo en caso de que aplique menciona por cada objetivo a las personas con las que vas a necesitar contar para alcanzarlos; identifica cuál será la principal contribución que cada una de estas hará al respecto.

Resultados

Por cada objetivo menciona el resultado esperado.

Tiempo

También por cada objetivo establece una fecha de inicio y otra de fin como plazo para propósitos de cumplimiento.

Una vez hayas completado el tablero de emprendimiento personal, siguiendo las indicaciones de la leyenda, comienza a ejecutarlo a la brevedad posible. NO le des vueltas innecesarias al asunto. Recuerda que, si lo haces, solo estarás postergando un proceso que te sacará de tu zona de comodidad y que no tienes idea de a dónde te pueda llevar.

De la misma manera, respeta las metas y los tiempos establecidos en el mismo. Confía en el proceso y comprométete con el cambio favorable que provocarás en tu vida. No temas, las mujeres que ya hemos pasado por este proceso ¡VAMOS A TI!

ⓘ **IMPORTANTE:** Tómate una foto ejecutando lo propuesto en el tablero y pégala en el espacio provisto en la página 251, así podrás documentar el trabajo que has realizado para alcanzar el crecimiento humano óptimo desde el emprendimiento personal.

TABLERO EMPRENDIMIENTO PERSONAL

VISIÓN	MISIÓN	FILOSOFÍA

OBJETIVOS PRINCIPALES		
OBJETIVO 1		
•Actividades		
•Recursos		
•Personas		
•Resultado		
•Tiempo	Inicio	Fin

OBJETIVOS PRINCIPALES	
OBJETIVO 2	
•Actividades	
•Recursos	
•Personas	
•Resultado	
•Tiempo	Inicio / Fin

OBJETIVOS PRINCIPALES		
OBJETIVO 3		
•Actividades		
•Recursos		
•Personas		
•Resultado		
•Tiempo	Inicio	Fin

MI EJERCICIO EN UNA FOTO
pega aquí una foto *del ejercicio completado*

ENTRE MIS PENSAMIENTOS Y YO
anota aquí tus reflexiones *sobre el capítulo*

_____
_____
_____
_____
_____
_____
_____
_____
_____
_____
_____
_____
_____
_____
_____
_____
_____
_____
_____
_____
_____
_____
_____
_____
_____

ENTRE MIS PENSAMIENTOS Y YO
anota aquí tus reflexiones *sobre el capítulo*

## ENTRE MIS PENSAMIENTOS Y YO
anota aquí tus reflexiones *sobre el capítulo*

¿En serio que vas a dejar que las condiciones que tanto detestas les ganen a tus deseos de *empoderarte* para emprender?

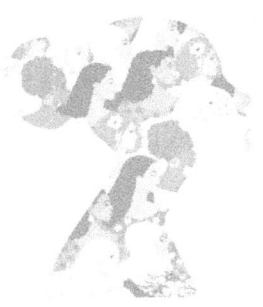

«Mujer tu vida puede cambiar. ¡Depende de ti! Ya conoces los errores del pasado, no los repitas en el futuro. Asume la responsabilidad de tu vida y llegarás al éxito».

. . .

Zulma Ivette Carrasquillo Rivera
Vendedora independiente.
—60 años—

↗¿Desde cuándo no eres el centro de atención en la pista de baile? ¡Sal a cualquier lugar a moverte al ritmo de la música y olvídate del qué dirán!

. . .

AUTOCONFIANZA
en verso

...

Camino dos pasos
y miro hacia atrás.
Tic-tac, tic-tac.
En un abrir y cerrar de ojos
veo mi vida pasar.
Tic-tac, tic-tac.

¿Cuál es la mujer que soy en realidad?
¿Qué papel me toca hoy representar?
En el teatro de la vida
todas tenemos que actuar
como dicta el libreto
que nos da la sociedad.
Tic-tac, tic-tac.

¿Cuándo llegará el momento
en que me pueda mostrar,
ante todos y con todos,
como soy en realidad?
Tic-tac, tic-tac…
Tic-tac…
Tic…
Tac…

8

AUTOCONFIANZA

No es superpoder,
es confianza *en mí misma.*

. . .

En aquellos tiempos, un día común y corriente en mi vida solía comenzar con ese breve espacio en la mañana en el que me levantaba y me quedaba soñolienta en la cama por al menos cinco minutos que pasaban como alma que lleva el diablo[1]. Esa era la única oportunidad que tenía en el día para ser como en realidad era. De casualidad, ¿esto no te da qué pensar?

La cosa se iba poniendo buena mientras avanzaban las horas porque, pasados esos cinco minutos, mi mentalidad cambiaba automáticamente y se ponía en función de mamá a regañadientes. Esa era toda una locura. Con dos criaturas en la casa y una doña que ya se comenzaba a comportar como una cascarrabias todo podía pasar como en efecto pasaba.

Después de superar la locura matutina salía de la casa esmandá[2] y me dirigía a la universidad. En el trayecto me comportaba como lo que era: una civil, o sea, como un simio en la selva con su instinto de supervivencia a flor de piel; justo lo que necesitaba para poder sobrevivir al crical[3] que se formaba en las calles «bien pavimentadas» del país que aún tiene un gobierno que sigue asegurando que lo hace mejor. Entre una mandá[4] pal[5] carajo y otra, sacadas de dedos e insultos, y no necesariamente de mi parte, llegaba a mi destino. Ahí modificaba mi comportamiento porque entendía que era una profesional en desarrollo. En el salón de clases era, sin duda, el modelo a seguir para muchos. ¡Qué carajos! De todos los alumnos, la madurita[6] era yo.

Durante el día, mami me llamaba para rendirle cuentas. «¿Qué habré hecho yo ahora?», era la pregunta que de manera automática me hacía a mí misma cuando ella me llamaba. ¿Eso no te suena a algo así como «los hijos no dejan de ser hijos»? A lo que yo le añado ahora después de vieja: «así tengan canas en la cabeza y en otras partes del cuerpo».

Como podrás sospechar, no me quedaba de otra: comportarme como la hija que era, era mi deber en ese momento.

Creo que mami y mi hermana estaban sincronizadas, porque no pasaban ni dos minutos de haber terminado de hablar con una y me llamaba la otra. En ese momento, dejaba de ser yo la madre, la civil, la estudiante y la hija, y comenzaba a actuar, en mi caso, como la hermana menor. Sí, yo soy la hermana menor. Ya sabes lo que eso significa, la candela en casa la sigo dando yo; lo único que ahora lo procuro hacer con algo de buen gusto para no tener que responder por la vergüenza ajena.

En medio de la conversación con mi hermana, a la que le tocó duro en la casa en algunos sentidos por ser la mayor, en resumidas cuentas, por todas las «primeras veces» a las que se tuvo que enfrentar mientras crecía para abrirle el camino a la que venía detrás de ella a toda prisa, puede que recibiera un mensaje de texto de parte del padre ejemplar de mis hijos, porque seguía con la mala costumbre de no atreverse a darme las malas nuevas de frente y, entonces, recordaba que una vez fui la esposa y luego la «ex» a la que todos señalaron sin saber lo que se meneaba en la hoya[7]. Y entre ese rol y otro confundía quién era yo.

¡Y eso no era nada! Otras veces me escribía él y Él, todavía para ese entonces «mi *crush*[8]», al mismo tiempo; y me perdía entre la exesposa y la nueva conquista. ¡Oh, Dios! Mejor era darse un «*blacky*[9]» a la orilla de la playa en esos días; porque la vida, mijita[10], no es tan fácil como la pintan.

Pasado el mediodía me conectaba al ciberespacio por necesidad. Sí, leíste bien: «por necesidad». —Lo que ocurre es que, para algunas cosas, como para los avances tecnológicos, era medio arisca; algo de eso ya te había comentado—. Debía comunicarme con los compañeros que laboraban en el proyecto, y por supuesto con Él, y sentía como si me hubieran insertado otro puto chip en el cerebro.

Por aquello de no sentirme rechazada por alguno de ellos me tapaba con el uniforme el tatuaje que tenía en el brazo para llevar a mi familia, a mis hijos, siempre conmigo. Esa era una de las pocas cosas que me quedaban fuera de lugar para los gustos de las mentes cuadradas[11]. Digo, esto pensando en esos tiempos, porque la verdad es que en el pasado hice muchas cosas que si te las cuento no te sonarían a mí; por lo que no te recomiendo que me idealices en este relato como una víctima de mis circunstancias. No sería lo correcto. Te puedo asegurar que soy una mujer que también sabe muy bien cómo herir, con la diferencia de que antes no estaba consciente de las consecuencias al hacerlo.

En medio de la conversación profesional que sostenía con el equipo de trabajo saludaba a unas cuantas amistades que por lo regular andaban todo el día conectadas a las redes sociales. En ese momento, era inevitable convertirme en la amiga y, para muchas de ellas, en la hermana que nunca tuvieron; y en el trillado jodido paño de lágrimas. En las conversaciones alegres gozábamos en cantidad. Mi buen humor salía a relucir, y mira que eso es mucho decir cuando eres una amargá'[12] del cará[13]. Aunque, a decir verdad, en la actualidad he cambiado en cantidad como resultado del proceso al que decidí someterme para transformar la situación descarrilada y, como no, precaria en la que me encontraba.

No sé si lo recuerdas, pero vengo de abajo como decimos los que de verdad venimos de ahí.

Te lo digo y no puedo evitar que se me agüen los ojos porque hoy te cuento lo que he vivido con tanta serenidad, cuando la realidad es que vivir me ha dolido en la madre. Cuánto hubiera querido quedarme en esa etapa de mi vida en la que solo me tenía que preocupar por saber qué y con quién jugar. Sin duda, el haber estado ante la presencia de Dios en los días más oscuros de mi vida fue lo que me ayudó a superar todo lo que en mi pasado me hizo daño. Por eso es por lo que de vez en cuando y de cuando en vez, cuando salía temprano de la universidad, iba a la Iglesia y le daba gracias a ese Ser en el que tanto sigo creyendo, POR TODO; aunque las personas al verme me tazaran de arriba a abajo[14] y me miraran con el rabo del ojo y por encima del hombro. Total, que yo iba a la Iglesia por mí y no por los que me miraban de esa manera que a esa edad no podía comprender por prevalecer en mí la inmadurez.

Después de salir de la Iglesia por fin llegaba de regreso a casa para volver a ser la madre. Solo cuando a los nenes les daba por bajar la intensidad era que los acostaba a dormir. Y, como ves, ni si quiera antes de acostarme a dormir volvía a ser yo; aunque fuera por cinco minutos, ya que los ojos se me cerraban del cansancio y, créeme, no había *break*[15].

Así de interesante era como terminaba mi día para comenzar el otro con el favor de Dios.

Si te fijas, todo este cuento de mi día solo te lo hice para hacerte ver que: «¡Eso de estar cambiando de roles es JODIDAMENTE AGOTADOR!». Te lo juro que lo pienso, y no sé cómo uno puede estar en esas todo el día y todos los días. Te quitas un sombrero, te pones el otro, y vuelves y te lo quitas y te lo cambias por otro. ¡Está de madre! Y el problema de todo es que, al asumir un rol, asumes un comportamiento completamente distinto como consecuencia: «¿Quién PUÑETA soy, entonces?», me preguntaba sintiendo que no me hallaba.

Creo que somos actrices, y no por naturaleza.

Pues eso, precisamente, era lo que me seguía incomodando en esos tiempos a pesar de haber adelantado tanto en varias áreas fundamentales de la vida. Bueno, tú misma eres testigo de eso.

Lo primero que te voy a decir sobre el tema es que no servía para estar en esas: aparentar ser quien no era. Sentía una necesidad tan grande de ser yo ante los demás, y de que la gente me aceptara con todo lo que era; pero por más que lo deseaba y lo intentaba, créeme que lo intentaba, no me atrevía a mostrarme de esa manera. De cierta forma, le tenía temor al rechazo. Esa fue otra de las tantas secuelas que me dejó la relación caótica que terminé teniendo con el que se lanzó conmigo a tener un matrimonio que, en buenas, no duró ni lo que un suspiro.

¿Te ha pasado? Espero que no, porque la pregunta no te la estoy haciendo con referencia al matrimonio. La pregunta más bien va dirigida a conocer si, en algún momento de tu vida, te has sentido como yo por mostrarte ante los demás con limitaciones por la razón que sea. Y digo, no es que yo fuera una persona hipócrita, falsa por actuar así. Pero tú sabes que, como te estaba comentando antes, uno modifica su comportamiento dependiendo del lugar en el que se encuentre, la función que en él se desempeñe y las personas que nos rodeen.

No sé. Me pregunto, ¿por qué tiene que ser así? ¿Por qué simplemente uno no puede ser como es, y punto? ¿Por qué nos tenemos que sentir vulnerables por ser quienes somos? ¿Por qué? ¿Por qué será que nos sentimos cómodos siendo quienes no somos, y por qué será que nos cuesta tanto ser quienes en realidad somos? Si cuando somos quienes no somos igual cargamos con defectos y virtudes, y de la misma manera se las mostramos a todos; a veces hasta con orgullo, y quién dice que esa versión de nosotros es la correcta, la aceptable. —Buena línea para reflexionar.

En fin, que eso era de lo poco que me quedaba por ajustar durante esos días en los que estaba a un paso de comenzar a disfrutar los resultados más significativos de todo lo que había sido mi emprendimiento personal, que fue sobre todo deseado e intencional, y que a pesar del esfuerzo que me hizo emplear en el proceso, no sacrificio, no se le puede llamar así a aquello que conduce a lo deseado, me tenía disfrutando de un gozo que sacaba a pasear con libertad la mejor versión de mí.

Solo pienso en cómo se van dando las cosas cuando uno hace que sucedan. Ya me estaba ocurriendo con frecuencia que no había cosa que pidiera y no se me diera. En los días en los que me estaba sintiendo incómoda por no poder ser yo —porque el problema era que volvía a surgir en mí la timidez, la vergüenza, la inseguridad y toda esa mierda de la que me había desecho hace un tiempo atrás— recibí una invitación para formar parte del movimiento de mujeres del que te había hablado anteriormente. Mira que lo pensé para aceptar la invitación…, porque la realidad era que lo que me faltaba era tiempo.

En mi deseo por trabajar en lo que me aquejaba, y desenvolverme así, como la joya mayor de la corona que era —en el buen sentido de la palabra, y no al revés—, acepté integrarme a ese grupo extraordinario de mujeres que compartían conmigo una visión parecida acerca de la vida. Fui lista, astuta; lo hice más que todo por conveniencia. Sabía que formar parte de un movimiento como ese me iba a ayudar muchísimo con los proyectos en los que estaba involucrada.

Wonder Woman llevaba por nombre el movimiento del que te estoy hablando. Su símbolo eran dos uves dobles en mayúsculas que, al ponerlas boca abajo, formaban dos emes de *Mujer Maravilla*. «¿No me digas?», disculpa el sarcasmo que me gasto conmigo misma. Nada, que yo quería ser una mujer maravilla fuera de todo hembrismo. Y lo que quería, lo iba a lograr en ese movimiento que de inmediato me comenzó a apoyar.

No tienes idea de lo mucho que se puede aprender cuando se está rodeada de las mujeres correctas. En ese movimiento aprendí de todo. Me capacitaron profesionalmente, pero, en la capacitación personal, botaron la bola conmigo[16]. Con decirte que antes no me atrevía a bajarme sola en un establecimiento a comprar comida, y ahora ya estaba trepada en una tarima dirigiendo actividades del movimiento. Sí, así son por lo regular los giros de trescientos sesenta grados que pueden ocasionar los cambios cuando estos son intencionales.

La seguridad en mí aumentó del saque[17] cuando me concentré en ganar confianza en mí misma. Eso me ayudó a comenzar a desempeñarme como quería, como era yo en realidad. Al principio, lo hice con temor a la reacción de la gente. Normal. Pero te garantizo que un leve cambio de mentalidad fue suficiente para lograr mi objetivo de a poco, sin prisa.

Una de las cosas que me atreví a hacer con el propósito de darme razones válidas a mí misma sobre la autoconfianza fue algo así como un experimento social: poner a prueba la versión de mí que me gustaba, con la que me sentía cómoda y la que estaba dispuesta a ofrecerles a los demás.

Un día, por ejemplo, llegué a la universidad y me presenté, como te dije, con esa versión de mí. Ese día el profesor que siempre me veneraba llegó vira'o[18] a la clase, como decimos, y me trató como mierda. Al otro día el mismo profesor cambió de actitud conmigo, y «"Fulanita" dónde te pongo[19]».

Eso fue él. Más adelante me hice un cambio de imagen. Una de mis amigas, la que de hecho me sugirió que me lo hiciera, cuando me vio me dijo con cara de total desagrado: «Nena, pero qué te hiciste en ese pelo». Yo quedé patidifusa por su reacción. A mi entender me veía bien, guapa, guapita, guapota con ese cambio. Me parece que, más que desagrado, su reacción a mi cambio me dio cara de envidia.

En otra ocasión fue un compañero del proyecto de ÉL que se puso a hablar de mí a mis espaldas cuando delante de todos celebraba mis ideas y aportaciones al proyecto. Y más de una vez ayudé a varias personas. Después de eso, esas personas ni me miraban. Se convirtieron en extrañas para mí, como si nunca hubiéramos coincidido en la vida.

Entre otras estupideces, mientras yo me ocupaba de por lo menos ser una buena persona con otros, como te dije, acudiendo a la versión de quién era en realidad, a la gente le importaba un carajo. Pues, ¿sabes qué? Llegó el momento en el que a mí también me dejó de importar un CARAJO cómo me percibía la gente. Irónicamente su actitud fue la que finalmente me hastió, motivándome al mismo tiempo a ser yo más que nunca. ¡Pa'[20] que cojan!

Concluí, entonces, que las personas son la contradicción misma. Un día te ven de una manera y al día siguiente te ven de otra. Entonces, me pregunté: «¿Cómo las puedo complacer ante esa inestabilidad que viene de ellas?». Al parecer, esa versión de mí era mucho con demasia'o[21] y, a la gente que no era así, no le caía muy bien que digamos. Pero yo me sentía tan bien conmigo misma que, te voy a decir la verdad, cuando llegas a ese punto en tu vida la paz que sientes no te la puede quitar nadie.

No importa quién hubiera sido ni cómo hubiese sido con las personas o, incluso, cómo me hubiera comportado con ellas. No importa si hubiese sido buena o mala, que hubiera hecho el bien o el mal, siempre se tratará de ellas. Créeme lo que te estoy diciendo: siempre se tratará de ellas. Así que no te cargues emocionalmente con la psiquis de otros.

Hasta en el mismo movimiento tuve problemas por eso; pero yo siempre me mantuve enfocada en mi camino, y de ese nadie me pudo desviar. Ni tan siquiera las que me robaron algunas ideas; olvidando que lo importante es la mente que está detrás de ellas.

En una de esas me ocurrió que asistí a una de las actividades del movimiento, actividad a la cual la oradora principal no pudo llegar por un percance personal. En esa ocasión, quien era mi mentora en dicho movimiento depositó toda su confianza en mí y en mi potencial a pesar de las miradas de envidia que me dieron algunas —siempre están las que se cuelan en grupos como estos con actitudes negativas—, y puso en mis manos la responsabilidad de dirigir a una audiencia compuesta por más de 100 mujeres. Todas se habían dado cita, en ese entonces, para ser guiadas en el proceso de identificar sus propósitos de vida.

Sabrás que todo lo que salió por mi boca fue pura improvisación; pero allí todas se quedaron con la boca abierta por lo que estaban escuchando. Hasta yo…

Parte del discurso decía, y lo transcribo:

Saludos a todas —comencé mi intervención en baja y con cierta timidez porque no estaba preparada para el momento—. Soy Misma[22], y soy idéntica a ti. —Me acerqué a una de las tantas mujeres de la audiencia mientras entraba en calor para presentarme ante ella—. ¡Soy mujer! —creo que esa fue la aseveración más acertada que haya podido hacer en el lugar correcto, en el momento preciso y con la audiencia adecuada.

Toda una ovación de pie que me estremeció de alegría por lo que estaba comenzando a provocar en la audiencia celebró el inicio de mi intervención.

Aunque no lo creas, en ese momento, pensé: «estoy jodida», porque esa ovación significa que lo que esperan de mí es…; y yo sin un libreto en mi mente que pudiera recitar. Pero a falta de pan, galleta[23]. No me quedó de otra más que decirme a mí misma «no seas pendeja, y vamos a ver ahora si el gas pela o no pela[24]» y valerme del humor que no me caracterizaba para nada, pero me iba a ayudar a ganar tiempo para poner a mi cerebro a parir ideas en un dos por tres[25].

Hoy pude haber venido a hablarles de muchas cosas…

Desde cómo triunfar por méritos propios hasta cómo convertirte en la más odiada en el mundo de los negocios. Pero, para la suerte de ustedes, no les vine a hablar ni de una cosa ni de la otra; porque, por un lado, me vería tentada a darles mi versión acerca del triunfo, y no es muy alentadora que digamos, y, por otro lado, les tendría que revelar mis trucos maquiavélicos para lo otro.

Como les dije, hoy no vine a eso. Hoy vine a decirles que ¡NO! —Si hubieras visto las caras que pusieron esas mujeres cuando me escucharon decirles «No»; así, bien seria y con autoridad.

No pongan esas caras de «no puedo creer lo que estoy escuchando», y permítanme terminar de hablar. Yo vine aquí hoy para, al igual que muchas otras personas, decirles que «No»; que no pueden hacer algo que no les guste, porque a la larga a eso le llamarán trabajo. Ahora me van entendiendo, ¿verdad?

Mi «No» para ustedes no es de limitación, mi «No» para ustedes es de motivación; por lo que espero que hoy salgan de aquí simpatizando con el no que no siempre es malo.

Pero bueno, vuelvo y repito: Ustedes no pueden hacer algo que no les guste, porque a la larga a eso le llamarán trabajo. Puede que esto que les acabo de decir lo hayan escuchado antes, y es que hay un problema con el trabajo, independientemente de que dignifique, como nos han vendido la idea. Bueno, no hay un problema. Si quiero que la relación que estoy entablando con ustedes perdure, no les voy a mentir: la realidad es que hay varios problemas con el trabajo.

Pero, en esta ocasión, solo les voy a mencionar tres, porque cuatro son muchos y dos son pocos, y por ahora son los que se me ocurren.

Uno de los problemas con el trabajo es que nos hace dependientes de él. ¡Vamos a ver! ¿En qué forma el trabajo nos hace dependientes de él?

La persona con la respuesta más acertada a la pregunta comentó:

Como yo lo veo, cuando trabajas ganas dinero y ahí es cuando comienzas a gastar y, si no tienes control sobre las finanzas, te endeudas cayendo en un círculo vicioso—dijo una mujer de edad promedio que a leguas se le notaba lo embrollada que estaba, pero allá ella con su lío. Yo no era rica, así que también tenía mis asuntos; por lo que no le podía tirar piedras a su techo cuando el mío era de cristal.

Otro de los problemas con el trabajo es que en ocasiones es impuesto —continué con mi discurso—: ¿Qué persona realmente quiere grapar papeles todo el día por orden del jefe cuando nació para cantar, y la peor parte de todo es que lo sabe? —Vi a casi toda la audiencia darme la razón al asentir con sus cabezas y lanzar al aire un par de comentarios desesperados; con algo se habrán identificado.

Según mis estadísticas, el trabajo es la peor pareja que podamos tener. ¿Lo sabían? Y ese es el otro problema que les quería compartir acerca del trabajo. ¡Cómo estacaron los ojos! ¡Eh…! —bromeé con las mujeres de la audiencia mientras me sentía confiada en lo que estaba haciendo porque noté en su lenguaje corporal su receptividad hacia lo que les estaba diciendo.

Es que el trabajo es celoso… ¡No tienen idea de cuán celoso es el trabajo! No quiere darnos el tiempo que merecemos para disfrutar a plenitud de aquellas cosas que consideramos más valiosas que él, como por ejemplo la familia.

No me lo vas a creer, cuando dije eso vi llorar a una de las mujeres que se encontraba entre la audiencia. Era una señora; muy elegante, por cierto. Al finalizar la charla, me tomé el atrevimiento de acercarme a ella para saludarla personalmente. En medio del intercambio de palabras me comentó con mucho sentimiento que precisamente por el trabajo de su esposo fue que su familia se destruyó, y que por eso era que asistía a ese tipo de actividades. Quería educarse para evitar a toda costa cometer los mismos errores que cometió él. «Yo solo busco la manera de tener un sustento digno que no me lleve a sacrificar lo poco que queda de mi familia», expresó con la voz evidentemente entrecortada.

En ese momento, me tuve que hacer de la vista larga[26] y darle un giro distinto a la charla.

Me disculpan si he ofendido a alguien hablando del trabajo de una manera poco favorable. Esa no fue mi intención. De hecho, yo no vine aquí para denigrar al trabajo; ni mucho menos. No vayan a malinterpretar lo que les he dicho hasta ahora.

Yo vine aquí para compartirles que existe otra opción alterna al trabajo y que nos puede dar mejores resultados que ser la empleada de un jefe demandante y gruñón durante más de cuarenta horas a la semana, que nos manda a hacer cosas que no queremos bajo pésimas condiciones laborales y, para colmo, junto a personas que es mejor tratarlas de lejitos.

Esa opción alterna al trabajo es la *vocación*...

¿Pero en algún momento nos hemos preguntado qué es eso? —Sacamos un tiempo durante la charla para explorar el concepto y, aunque cada una dio su versión de lo que entendía que era vocación, todas coincidimos en que principalmente era un «llamado».

La vocación es lo que muchas de ustedes han identificado como un «llamado». Es eso por lo que sentimos cierta inclinación y, a la vez, nos inspira. A diferencia del trabajo, no nos hace dependientes de ella porque el dinero no es su principal fuente de motivación. Tampoco es impuesta, porque somos nosotras quienes la elegimos; y mucho menos es celosa, ya que se conforma con el tiempo que le dediquemos.

¡Vamos a ver!

Cierren los ojos, que vamos a hacer un dibujo mental de nuestra vocación. Yo seré su guía, pero ustedes serán las artistas de este proyecto. ¿Están listas?

—No perdí el tiempo y le pedí al musicalizador que pusiera una canción de fondo, de esas que extasían, para ir creando el ambiente. Ganas me dieron a mí de dormir…, pero me tocaba hacer el trabajo difícil. Luces tenues, sonidos con aires de naturaleza, sillas acojinadas y una voz para dejarse llevar.

El papel sobre el que vas a dibujar está en blanco, y está en blanco con el propósito de que te tomes tu tiempo para pensar en tu vocación. Dime, ¿a qué has sido llamada? ¡¿Qué te inspira?! ¿Hacia qué en específico sientes inclinación? —Le preguntaba a la audiencia mientras me paseaba entre ella con serenidad.

Acaso, ¿sientes inclinación hacia las artes o hacia los números? O no, ¿será que te inspira el servicio al prójimo? ¡Espera, porque puede que sea que hayas sido llamada a establecer el orden social por medio de la práctica del derecho! —Veía caras pintar sueños, por lo que estaba palpando de una manera divina la transformación del esfuerzo de meses.

¡No, no, no y no! Por el momento, olvídate de si eso a lo que has sido llamada, por lo que sientes inclinación o te inspira, es rentable o no; porque no se trata de dinero, se trata del estilo de vida que deseas adoptar como consecuencia de la práctica de tu vocación. —Con esa intervención exagerada con toda intención, les sacudí sus pensamientos y arremeté con la siguiente pregunta:

¿Acaso la vida no se trata de vivir? Entonces, dime: ¿Qué dibujaste en el papel que acabas de convertir en una obra de arte? Sí, una obra de arte; porque, antes de que dibujaras sobre ese papel, ese papel era una hoja en blanco. Esa es la prueba de que eres capaz… ¡Escúchame bien! Esa es la prueba de que eres capaz de vivir una vida con propósito desde tu vocación.

Lo sé, lo sé…; sé que todavía estás pensando que este ejercicio que acabamos de hacer es para principiantes, y que ya estás bastante grandecita para participar de este tipo de juego mental, pero te has preguntado: ¿Qué haría una persona desesperanzada si tuviera de frente una hoja en blanco?, porque yo sí. Lo más seguro dejarla ser lo que es, en lugar de convertirla en lo que puede llegar a ser. ¿De qué lado estás tú?

Ahora, les lanzo el reto: ¿Quiénes dicen yo y nos encontramos en la próxima ocasión?

Otra ovación de pie que fue apoyada por la coordinadora del evento se volvió a sentir en el salón de un hotel cachendoso[27] que me intimidó con tanto lujo que se tiró encima.

Como te pudiste dar cuenta me desenvolví bien a mi estilo, a calzón quita'o[28] como me gustaba a mí; aunque conservando el lado profesional en el que estuve trabajando en los últimos meses. Ya para ese tiempo era otra persona. El nivel de aceptación de la audiencia fue tal que, después de la actividad, muchas mujeres se acercaron a mí para ver de qué manera las podía ayudar a trabajar con la seguridad en ellas mismas; seguridad que yo buscaba en mí cuando llegué al movimiento.

Esa vez mostrarme como era me dio excelentes resultados. Amén por eso. Pero, de igual manera, si no hubiera sido así creo que me hubiese sentido igual de satisfecha por la labor realizada porque sé que me desempeñé ante esas mujeres de buena fe y con el tipo de voluntad que edifica.

Mira, ser tú no te va a garantizar que se te vaya a abrir una puerta; pero mínimo se te va a abrir una ventana, y esa también es una gran oportunidad. Ser tú tampoco te va a garantizar que vayas a tener una vida a todo color. En ocasiones, te va a decepcionar si se lo permites y te va a pintar los días de negro. Pero ¿has pensado en el significado de este color?

Cuando terminó la actividad me monté en el auto. El celular comenzó a sonar. Lo único que recuerdo de esa llamada es el tono de voz frío con el que la hermana de Abu, una señora un poco más joven que ella, aunque gruñona como ella sola, me comunicó que había fallecido. Fue una muerte natural; digna de alguien que se había ganado el cielo.

Al momento de Abu partir caía la tarde. Estaba sentada en el sillón reclinable de su habitación. Sus manos, decoradas con el santo rosario, estaban en actitud de oración.

Entiendo que se fue feliz a morar con el Señor junto a sus plegarias. Me lo dejó saber con la sonrisa que dejó tiesa en sus labios agrietados. Quién diría que moriría haciendo su ritual sagrado del día.

Ya la vida me había pegado tantas veces en donde me dolía, pero también me había enseñado cómo levantarme que ningún pensamiento negativo pasó por mi mente con la noticia de la muerte de Abu; y no, no vayas a pensar que eso fue un acto de indiferencia de mi parte, yo solo opté por entender que el proceso natural de la vida culmina con la muerte.

Aunque no te voy a negar que hay partidas tan silenciosas que duelen, como la de ella.

Me afligí, sí; y mucho. Y los nenes… Cuántas preguntas me hicieron los nenes. Y Schnauzer, su compañero fiel, a quien le tuve que dejar la puerta de la habitación de Abu abierta para que llorara su pena hasta que pudiera entender que su mamá humana ya no estaba físicamente con nosotros.

Compensé la pena que se vivía en esos días en la casa con alegría. Sí, con alegría. Porque mis hijos y yo le trajimos de vuelta a Abu el calor de un hogar. Un calor que perdió a su mediana edad cuando su esposo decidió seguir la vida que llevaba con ella al lado de otro hombre; dejándola en la calle en tierra extrajera y arrebatándole lo que tanto le costó lograr: ser madre.

La adopción de dos féminas jóvenes que cargaban con historias de vida marcadas por maltratos, movilizaciones, violencias, violaciones, adicciones y desesperanzas terminó con el suicidio de una de ellas como consecuencia de la separación de sus padres adoptivos.

De la otra de sus hijas nunca más supo. De seguro, ella fue un ave de paso en su vida como lo fue Abu en la mía y en la de mis hijos. Ella, sus manías y lo que vivimos me acompañan desde entonces. Sus palabras, con las que con amor me hacía chocar contra la pared para entrar en razón, también lo hacen a diario: «Misma por qué será que se te hace tan difícil ganar confianza en ti cuando confiaste tanto en quien te lastimó».

NOTAS

y aquí unas cuantas notas
para que *nos podamos entender*

. . .

1. La expresión coloquial «como alma que lleva el diablo» significa en este contexto «gran velocidad».
2. El término «esmandá» es lo mismo que «esmandada».
3. El término «crical» es similar a «desastre».
4. El término «mandá» es lo mismo que «mandada».
5. El término «pal» es lo mismo que «para el».
6. La frase «la madurita» se refiere a una mujer sobre todo con experiencia.
7. La expresión coloquial «sin saber lo que se meneaba en la hoya» es similar a decir «sin saber lo que ocurría».
8. El término en inglés «*crush*» hace referencia a un amor que se da a primera vista.
9. El término en diminutivo «*blacky*» hace referencia a la marca de un whisky fino.
10. El término «mijita» proviene del diminutivo de la abreviatura de «mi hija», las madres por lo regular la utilizan con cariño cuando se van a dirigir a sus hijas; sin embargo, en este contexto, se utiliza para llamar la atención de la lectora.
11. La frase «mentes cuadradas» se utiliza para describir a la persona que tiene una mente conservadora y cerrada a ideas poco comunes.
12. El término «amargá'» es lo mismo que «amargada».
13. El término «cará» es lo mismo que «carajo».
14. La frase «me tazaran de arriba a abajo» es lo mismo que decir «me miraran de arriba a abajo».
15. El término en inglés «*break*» es lo mismo que «chance» u «oportunidad».
16. La frase «botaron la bola conmigo» significa que hicieron un buen trabajo con ella.
17. La expresión «del saque» es similar a decir «del primer intento».

18 El término «vira'o» es lo mismo que «virado».
19 La frase «"Fulanita" dónde te pongo» se utiliza para indicar que una persona trata a otra con mucha consideración con la intención de subsanar con esta las consecuencias de sus actos.
20 El término «pa'» es lo mismo que «para».
21 El término «demasia'o» es lo mismo que «demasiado».
22 El término «Misma» se ha vuelto muy popular en países de habla hispana, se utiliza para referirse a la persona misma.
23 La expresión coloquial «a falta de pan, galleta» es similar a decir «a falta de una cosa, la otra».
24 La expresión coloquial «a ver ahora si el gas pela o no pela» se utiliza para expresar desafío.
25 La expresión «en un dos por tres» es similar a decir «en un instante» o «con rapidez».
26 La expresión «me tuve que hacer de la vista larga» alude al acto de ignorar.
27 El término «cachendoso» es similar a «lujoso».
28 La expresión «a calzón quita'o» es similar a «sin reservas».

TRABAJEMOS JUNTAS
en *el lazo que nos une*

...

Autoconfianza

Sin confianza en ti misma no hay nada que puedas perseguir. Así de simple es la cosa, mira lo que le estaba sucediendo sobre esto a Misma.

La *autoconfianza* tiene que ver con la creencia de que somos capaces de hacer lo que nos propongamos, independientemente de su magnitud o complejidad.

Sin embargo, en repetidas ocasiones, ocurre que nos empeñamos en ganar esa confianza sin trabajar en ella; tal y como lo pretendemos hacer con muchas otras cosas en nuestro diario vivir, cosa que no es posible. Nada se logra de brazos cruzados; y menos la autoconfianza que solo se genera cuando por medio de la experiencia adquirimos dominio sobre ciertas destrezas o habilidades.

Curiosamente, ese dominio es el que a fin de cuentas nos da la seguridad que buscamos en nosotras mismas. Pero ¿cómo puedo reconocer la autoconfianza en mí? Haz una ligera evaluación interna sobre las características que describen a una persona de este tipo. Una persona con confianza en sí misma, por lo regular:

☐ Demuestra tener la capacidad para actuar sin ser influenciada por el juicio de los demás.

☐ Es asertiva. En otras palabras, valora su punto de vista de manera semejante a como lo hace con el punto de vista de la otra persona; aunque estos sean opuestos.

☐ Se deja llevar por el proceso y no se anticipa a lo que ha de ser con una actitud de fatalidad.

☐ Tiene una alta capacidad para tomar decisiones adecuadas y asumir riesgos moderados; lo que la lleva a vivir un sinnúmero de experiencias que le permiten crecer en lo personal, validar las nuevas formas de conducirse en su diario vivir y reforzar su sentido de seguridad personal.

➚EJERCICIO

5 *desafíos* a los que no les podrás decir NO

➚OBJETIVO

Tomar acción sobre la autoconfianza por medio de una serie de desafíos progresivos que culminarán en resultados significativos para alcanzar tu crecimiento humano óptimo desde el emprendimiento personal.

➤MATERIALES

1. Plantilla de cinco (5) desafíos progresivos.
2. Lápiz o bolígrafo.
3. Cámara e impresora.

📝 **NOTA:** En caso de no contar con los materiales sugeridos, considera que puedes adaptar el ejercicio de acuerdo con los recursos que tengas disponibles.

➤INSTRUCCIONES

Por medio de este ejercicio haremos que nuestra confianza aumente a como dé lugar. Esto lo haremos trazándonos una serie de desafíos que irán desde los más simples hasta los más complejos. Es decir, serán *desafíos progresivos*. Los mismos nos permitirán obtener resultados significativos respecto a la autoconfianza.

¡Comencemos! Piensa en cinco (5) desafíos que estén basados en aquellas cosas que siempre has querido hacer y, POR NO ATREVERTE, no las has llevado a cabo. No importa cuál sea la naturaleza de estas cosas. En este punto, lo que buscamos es ganar confianza.

Luego de que hagas lo asignado, utilizando la plantilla provista a partir de la página 286, organiza esas cosas que siempre has querido hacer por nivel de complejidad.

Ejecuta cada uno de estos retos. Comienza con el más simple hasta llegar al más complejo. Toma en consideración que la REGLA DE ORO en este ejercicio es que tendrás que realizar los desafíos en orden. No estará permitido pasar al siguiente, sin antes haber completado el que correspondía en la lista.

Una vez hayas realizado el desafío anota el resultado obtenido en el espacio designado y reflexiona sobre este: ¿qué pudiste haber hecho diferente?, ¿por qué crees que optaste por actuar de determinada manera y no de otra que pudo haber resultado más efectiva?, ¿qué crees que puedes mejorar a fin de realizar un nuevo intento por medio del cual puedas obtener mejores resultados?

Finalmente, recompénsate por el intento realizado, el esfuerzo empleado y los resultados obtenidos. Prepara la cita de tus sueños para disfrutar contigo misma. No, no es broma. ¡Hazlo! Ya es tiempo de que te dediques un buen momento de celebración a solas y te sientas orgullosa por lo que hasta este punto has logrado por méritos propios.

ⓘ **IMPORTANTE:** Tómate una foto ejecutando cada uno de los cinco (5) retos y júntalas en un collage en el espacio provisto en la página 292, así podrás documentar el trabajo que has realizado para alcanzar el crecimiento humano óptimo desde el emprendimiento personal.

5 RETOS PROGRESIVOS

Instrucciones: Dentro de la pirámide, y en el recuadro correspondiente, menciona el reto a realizar. Esto lo vas a hacer desde el más simple (**Reto 1**) hasta el más complejo (**Reto 5**). En ese mismo orden, ejecuta los cinco (5). Haz una marca de cotejo dentro del cuadrado que aparece al lado izquierdo de cada reto ☑, solo cuando lo hayas completado. En los espacios correspondientes que aparecen en las próximas páginas menciona por cada reto el resultado obtenido y reflexiona sobre el mismo.

☐ Reto 5:

☐ Reto 4:

☐ Reto 3:

☐ Reto 2:

☐ Reto 1:

RETO /

RETO 2

RETO 3

RETO 4

RETO S

MI EJERCICIO EN UNA FOTO
pega aquí una foto *del ejercicio completado*

ENTRE MIS PENSAMIENTOS Y YO
anota aquí tus reflexiones *sobre el capítulo*

ENTRE MIS PENSAMIENTOS Y YO

anota aquí tus reflexiones *sobre el capítulo*

ENTRE MIS PENSAMIENTOS Y YO
anota aquí tus reflexiones *sobre el capítulo*

¿Cómo no vas a *confiar* en ti, que eres la única persona que fue genéticamente programada para hacerlo?

«Lucha siempre por ser feliz. Todas tenemos virtudes y, si las descubres, desarróllalas compartiéndolas con las demás por el bien de todas. Todo lo que hagas, hazlo con amor».

. . .

María M. Berríos
Maestra retirada del Departamento de Educación.
—71 años—

GRATITUD
en verso

...

Comenzaré...
Comenzaré a mirarme en el espejo,
dejando atrás el ayer.

Caminaré...
Caminaré siendo yo misma,
y al mundo le diré
que la mujer que hoy observan
yo misma la formé.

Amaré
Amaré a esta mujer
que hoy empiezo a conocer.

Agradeceré
Agradeceré por lo bueno y lo malo
que en el mundo me encontré.

CRECERÉ

9

GRATITUD

Agradece, lo demás
vendrá como consecuencia.

. . .

V arias semanas después de la despedida física de Abu cerré la puerta de su casa con un sentimiento que no se me quitaba. Estaba consciente de que, al regresar de viaje, su ausencia se perpetuaría en nuestras vidas al pasar los días. Sin embargo, además de estar triste, también estaba esperanzada. Lo cierto es que estaban sucediendo otras cosas en mi vida capaces de devolverme la alegría.

Todo dependía de mí y de mi actitud ante la situación que me trajo como consecuencia su partida.

Otra vez nos tocaba, a mis hijos y a mí, buscar un nuevo lugar donde vivir. Conocer a nuevos vecinos, lidiar con sus mañas y con las de sus hijos. Adaptarnos a la comunidad como nos fuera posible. Nueva escuela para la nena, amiguitos. En otros términos, aceptar que era cuestión de tiempo para asentar una vez más a nuestro hogar en un techo desconocido.

En eso pensaba mientras iba montada en el avión para aterrizar en la ciudad de New York. Iba de cabeza a acompañar a mi siempre «Él» en la presentación del proyecto en el que veníamos trabajando a distancia desde hace un tiempo. Estaba tan ilusionada con la experiencia que se iba a sumar a mi vida. Sin embargo, esa ilusión de momento se esfumaba con el recuerdo de la muerte repentina de Abu.

Qué te puedo decir, estaba en medio de un duelo en un momento que marcaba un hito en mi carrera profesional.

Nada, que no me quedó de otra que llevarla en ese viaje como pude.

Pese a tanta ilusión, tenía los nervios de punta. Para qué mentir. Y no, no se trataba de miedo. A ese ya sabía cómo meterlo en la gaveta[1]. Es que yo nunca había cruzado el charco[2], por lo que estaba seriamente cagada —algunas personas les tenemos respeto a las alturas. Me encontraba a la expectativa por eso, y por todo lo que sucedería al aterrizar en NY[3].

Para colmo, me sentí desubicada cuando llegué al terminal del aeropuerto neoyorquino. Las cosquillas corrían de prisa por mi vientre. Él y yo no habíamos acordado que él me fuera a recoger al llegar a su ciudad; pero, conociéndolo como lo conocía, estaba segura de que lo haría.

Por el encuentro que estaba a punto de darse entre los dos ese día volví a sentir cosas nuevas en mí. Sin embargo, a pesar de eso, me dispuse a controlarme porque la verdad era que no había viajado en busca del amor; aunque, si él hacia el intento, tampoco era que le iba a decir que no.

Miré de manera disimulada y, para mi pesar, no había rastro de Él.

Así las cosas, no tuve opción.

No me quedó de otra más que buscar en mi celular la información de contacto de un medio de transporte que él me había dado en una ocasión, por si algún día me daba por aparecer de visita al lugar en donde tenía su vida. Sin pensarlo mucho, me comuniqué con el transportista para que me llevara del aeropuerto al hotel, en donde creía que me hospedaría durante esos días. A fin de cuentas, qué más podía hacer sola en una ciudad desconocida. ¡Sí, lo sé! Estaba en NY. Podía, incluso, hacer y deshacer. No me hagas caso. A veces, solo hablo por hablar.

La cosa es que el auto se estacionó frente a mí a la salida del aeropuerto. Abrí la puerta y me monté, y le di las buenas noches al chofer mientras me acomodaba con dificultad en el asiento. Cuando alcé la vista, vi a Él por el retrovisor. ¡SÍ, A ÉL!

El atrevido me lanzó un guiño sin considerar que esa era un arma con la que me podía matar; ya comenzaba a conocer otras cualidades de él con las que no iba a poder. «No sabes cuánto esperé por esta llamada», me dijo cuando me mostró el celular en el que recibió mi llamada.

Fue tanta la emoción que me embargó cuando lo escuché decir eso que poco me faltó para que le brincara encima. Gracias a Dios que estaba sentada en la parte trasera del auto porque, de lo contrario, hubiera actuado como para luego morir del bochorno. En fin, que Él era lo que quería en mi vida y no podía perderlo con mis idioteces empezando lo que fuera que se fuese a dar entre los dos.

Para sumar a mi felicidad, el hombre que me hizo volar unas cuantas millas de distancia a cuenta de sus ocurrencias, que no eran poca cosa, no pudo disimular lo contentísimo que estaba a causa de nuestro encuentro. Imagínate, con eso, yo me puse que bailaba en un solo pie y de seguro que hasta en el tubo si me lo hubiera pedido. ¡Nah, no creo! Aunque…

No quisiera que pensaras que idealicé a un hombre común y corriente. Solo me limité a darle la oportunidad a lo que nos tocaría vivir en esos días. Sin embargo, fue el tiempo el que decidió no opacar las cualidades que amé de él el mismo día que lo conocí; de manera que concluí que el problema de nuestros problemas no se reduce a los hombres. El problema de nuestros problemas se reduce a la pobre capacidad de elección que nos gastamos a mucha honra.

Te puedo asegurar que allá afuera todavía quedan personas por las que vale la pena intentarlo una vez más. Lo digo porque Él era una de esas, y para mí resultó ser perfecta dentro de toda su imperfección. No te miento, del primer día ya ha pasado mucho tiempo.

Por supuesto que no era la última bebida del desierto[4], y por supuesto que era muy diferente a mí; me hubiera espantado si no hubiese sido así. Más, sin embargo, los dos compartimos aspiraciones semejantes en la vida y para dos eso ha sido suficiente.

No sabes la aventura que vivimos en el vibrante New York, y que de vez en cuando procuramos repetir para sentirnos como la primera resonante resonante resonante vez.

Sin conocerme, ese hombre me ayudó a despuntar en el ejercicio de mi profesión. La presentación de nuestro proyecto causó mucho interés en la comunidad de investigadores en la que se presentó. Ahora todos los ojos estarían puestos en el hogar en el que acogería a los viejos. Ese fue un motivo de mucho peso para que nos regaláramos unos días de descanso en su hogar. Jamás pisé un hotel mientras estuve de visita en la ciudad; él no me lo permitió.

En el transcurso de esos días sacó de su tiempo para ayudarme a afinar algunos detalles del plan de negocio, el cual me motivó a presentárselo al banco tan pronto llegara de regreso a casa. Sin pretensiones ni lujos, yo no era de esas, ese hombre también sacó de su tiempo para mostrarme la vida que ya estaba a su alcance. Era una persona tan independiente, tan segura de sí, que sus acciones me convencieron de que con él era posible ir tras todo lo que me propusiera de estar a su lado. Sin pretextos ni limitaciones. Él era de los hombres que sigue teniendo bien claro que las mujeres se gobiernan por cuenta propia.

Antes de despedirnos en el aeropuerto, Él sacó una pequeña y fina muñeca de porcelana de una bolsa que traía en las manos. Era casi idéntica a mí; una obra de arte para que puedas entender lo hermoso de la muñeca. Y no, no me estoy dando la patá[5]; que quede claro que lo único que pretendo es describir a la muñeca.

—Cuando quería verte pasaba por la vitrina de la tienda en donde la vendían, la vendían porque la compré —hizo un gesto de «pues…»—, y ahí te veía. Sé que ahora no tendré dónde verte, pero eso será lo que me obligue a volver a ti.

Y así fue como nos despedimos en el aeropuerto, con la promesa de su parte de otro encuentro.

Recuerdo también que por unos minutos filosofó como lo haría cualquier persona con el corazón loco por salirse del pecho a causa del amor:

—¿Ves lo pequeña que es? —me preguntó.

—Sí —le contesté.

—Así es como te veías en un inicio cuando te conocí. Ojo con eso, ya no se vale volver atrás —me dijo, mientras negaba con la cabeza—. Pequeña, pero impresionante. ¿Verdad?

—Sí —le volví a responder, sintiendo vivir algo que nunca esperé.

—Así es como te veo —comentó—. Recuerda que se puede romper si la dejas caer. —También entendí su mensaje entre líneas: «Soy tan frágil como me lo permita».

Si buscó sonrojarme con sus palabras, lo logró. Pensé «si lo que está haciendo es endulzarme el oído», también lo logró. Entonces, concluí que estaba igualmente JODIDA.

—Nos volveremos a ver, vida. —Me hizo una promesa mientras puso una de sus manos sobre una de mis mejillas con dulce familiaridad. «Vida», lo repitió mi corazón con unas ganas de llorar que superaban cualquier deseo que pudiera tener en ese momento. Es que yo ya había olvidado lo que era sentirse bien querida por alguien que no fuera cualquiera. Con eso, ya estaba segura de que Él era él; no había otro que pudiera competir con eso.

Después de referirse a mí como alguien que ya era parte de él me siguió tocando la misma mejilla con la mano en su punto; firme, muy masculina ella. Cálida. Olorosa al aroma que hace flaquear. Con la otra de mis mejillas fue bastante considerado y no la dejó con las ganas. Le hizo sentir su calor y todo eso de él que quería sentir en mí. Mientras tanto yo pensaba «Dios mio, se me va a notar», en referencia a lo babeada[6] que estaba por él.

«Él es un imposible», me dije después; sin considerar que lo único que nos separaba era un prefijo que fácilmente podía remover de las partes de mí que siempre estaban en disputa: mi mente y mi corazón. Ya bastante la ilusión me había dejado colgando los sentimientos como para que le permitiera que lo hiciera una vez más. Aun ante esa posibilidad, para nada alentadora, me quise arriesgar a ir por más. No sé por qué, pero me olía a que en los asuntos del amor esta iba a ser la vencida.

No sabía que su beso inesperado, fijado muy cerca de la cuenca de mis labios, derribaría al imposible que había acabado de pasar por mi mente y corazón, y que me convertiría al instante en un ser humano listo para amar. Tanto desamor que cargué en mi memoria hasta ese día, y todo gracias al beso de la persona correcta. Después de ese primero, qué te puedo decir: no nos pudimos contener. Y aguántate de la silla, que ahora es que viene lo bueno…

Nos hicimos un amor de esos prolongados. De los que te hacen perder el vuelo. De los que te dan vida y te dejan sin aliento. Desenfrenado. Nos amamos con la libertad que hasta cierto punto conoce de límites. Con deseo. Con ganas. Con un respeto tan presente, tan marcado, que contribuyó a que yo terminara de recuperar la dignidad que un día perdí.

La intimidad que desnudamos de a uno para ser descubierta por dos nos regaló cosas el uno del otro que habló por sí sola de nuestras historias. Cicatrices que en silencio revelaron lo que a nuestra edad habíamos vivido. Marcas que el tiempo no borraría de nuestra piel, menos de nuestra mente. Huellas que nos indicarían por siempre el camino a seguir al recorrer nuestros cuerpos con la mirada, con las manos o los labios.

Te puedo asegurar, sin miedo a equivocarme, que además de tener interesantemente estropeadas algunas partes de su piel, Él tenía más que todo lo que amé por separado en cada hombre que se me cruzó en el camino. Y no estoy comparando a nadie; simplemente me nacen las ganas de afirmarlo a viva voz. Es que hasta tenía cosas que sabía que después de un tiempo iba a odiar con tanto amor…

Hasta gestos muy de él, que por más que quisiera no los iba olvidar cada vez que lo pensara. La forma tan atinada con la que utilizaba las partes de su cuerpo para explorar el mío con cuidadoso deseo. De recorrerlo hasta llegar al punto exacto en el que podía traerme de vuelta a la juventud para pintarla de los colores que nunca tuvo, y que lo hiciera con todas las tonalidades de su vibrante masculinidad. De hacerme gemir por las emociones que conocía, por las que no y por las que me inventé para seguir gimiendo por el placer que solo él, como nadie, logró darme al estar dentro y fuera de mí. De besarme la nuca con tanta ternura y decir después de hacernos el amor: «Qué ganas tengo de volver a estar dentro de ti».

¡Qué amor, Dios! Con él, todo encajó sin esfuerzo. Esto último lo puedes interpretar como quieras, igual significará lo mismo.

En fin, que las rondas de amor y placer concluyeron para ambos en perfecta armonía.

Qué difícil resultó despedirnos después de un encuentro amorosamente candente como ese. Tanto así que Él no se reservó el pedirme que me quedara a su lado, pero entendía que yo tenía una vida a la cual debía regresar. Fue por eso por lo que decidimos respetar el desarrollo natural de la relación que apenas comenzaba a surgir entre los dos, ya con algo de formalidad.

Llegué explotá[7] y con una mezcla de emociones a la que todavía llamaba «casa», como si fuera de mi propiedad; aunque sabía que solo le podía llamar así por un par de días más. Antes de irme de viaje había recogido todas mis pertenencias para entregarle las llaves de la casa a la hermana de Abu. Ya ella tenía sus añitos y olvidaba algunas cosas; menos las que tuvieran que ver con propiedades y dinero, esas no.

Al otro día de haber llegado de viaje retomé mi agenda. Entre los pendientes por hacer estaba la visita al banco; ya no le podía dar más largas al asunto. Debía dar a conocer el plan de negocio de una vez y por todas. Así se lo había prometido a Él y, más importante aún, me lo había prometido a mí; de manera que no podía fallarme después de haber empleado tanto esfuerzo en completarlo.

De camino al banco recibí un mensaje de texto de su parte. Me preguntaba si ya estaba donde debía estar a esa hora. Por supuesto que sentí que sus ojos estaban puestos sobre mí; pero, aunque pueda parecer raro, necesitaba ese tipo de presión en mi vida para seguir moviéndome hacia mi meta.

Antes de entrar al banco le encomendé a Dios mi propósito. Como así fue como lo hice, salí tranquila de ese lugar cuando me negaron la ayuda económica para materializar mi plan de negocio. A quien primero le di la noticia fue a Él. Todo esto lo había iniciado con él, así que era justo hacerlo parte de este proceso en el que juntos ganaríamos a como dé lugar. En eso tenía puesta mi fe.

«Tú y yo estamos haciendo esto juntos, lo resolveremos», me dijo cuando lo contacté.

No te voy a mentir. Después de esa llamada me fui triste para casa a pesar de estar esperanzada y contar con el apoyo del hombre al que amaba. Sí, triste. No tenía los recursos económicos para echar a andar el plan de negocio que requería una inversión significativa de dinero; empezando porque no tenía lo de mayor valor que estaba contemplado en el mismo: la propiedad que pudiera habilitar para establecer el hogar. A penas había encontrado un trabajo de medio tiempo en un asilo, y el sueldo solo me daba para cubrir los gastos diarios; y cuidado.

A pesar de estar consciente de mi limitación económica no dejé que eso me hiciera retroceder en mi deseo de aspirar a lo que quería. Sí, me puse triste. Es verdad. Pero, más adelante, me dispuse a pensar con la cabeza fría; por lo que también me sequé las lágrimas y seguí trabajando en lo que pude mientras resolvía el asunto de los verdes que me tenía en jaque. Ya en el pasado había pasado por eso y lo había superado. Esta vez no tenía por qué ser diferente.

En una de esas noches en las que llegué a casa después de trabajar encontré un sobre bastante peculiar cuando fui a abrir la puerta de entrada. Era la citación de la lectura del testamento que había dejado Abu. Ella nunca me había comentado nada al respecto, pero quise respetar su voluntad; así que asistí a la cita.

No dudes que tenía la cabeza para explotar con tantas cosas buenas y malas que me estaban pasando en ese momento. —¡Gracias por tu presencia en mi vida, querida migraña! Tú siempre tan oportuna.

Cuando llegué a la oficina del abogado solo estaba la hermana de Abu de la que te he hablado y él. Este, en su obsesión con la puntualidad, comenzó con el protocolo para la lectura del testamento de manera puntual. En cuanto a la casa, que de todo era lo que entendía que tenía que ver conmigo, Abu había dispuesto que fuera vendida por su hermana y que el dinero lo reservara por si aparecía la hija que nunca más vio.

Aunque no tenía por qué meterme en el asunto, me pareció bien que esa hubiera sido su decisión sobre la propiedad; a fin de cuentas, ella no tenía ninguna responsabilidad conmigo como para dejármela a mí o a mis hijos. Sin embargo, tenía curiosidad por saber por qué me habían mandado a llamar.

Ya había hablado con su hermana, y ella me había dado un tiempo razonable para buscar otra casa a la que me pudiera mudar; de manera que seguía sin entender el rol que estaba jugando yo en un asunto ajeno.

La lectura del testamento no fue más que un protocolo sobrio para hacer cumplir la voluntad de Abu con todas las de la ley. El mismo finalizó con la adjudicación a mi persona de unas tierras que ella había recibido como herencia de parte de su papá. Ese para mí fue un momento de no creer. Me sentí extremadamente rara, porque una parte de mí no estaba dispuesta a aceptar algo que no era mío.

Recuerdo que el abogado me dijo: «Recuerde Misma[8], lo que está expresado en este documento es la voluntad de Abu; que en paz descanse».

Eso, más la actitud al menos pasable de la hermana de Abu sobre esa decisión, me dio la seguridad que necesitaba para aceptar con algo de serenidad la herencia inesperada.

Ya faltaba poco para cumplir nueve meses desde que decidí tomar acción sobre mí y mis circunstancias. Sorprendente todo lo que puede pasar en tan poco tiempo. Bueno, si en nueve meses se puede gestar una vida; imagínate qué tantas otras cosas que se desean también se pueden lograr.

Y no, no te confundas. No creo que el asunto de las tierras tuviera algo que ver con la suerte, ni nada así por el estilo. Permíteme pensar que ese gesto de parte de Abu fue más bien una recompensa por todo lo bueno que me vio hacer por ella, por mis hijos, por otros y por mí.

Créeme que, a consecuencia de todo lo que estaba viviendo, me tomó un tiempo asimilar con sosiego la situación en la que me encontraba en esos días.

De momento no tienes nada, y de repente tienes todo lo que necesitas para terminar de hacer lo que un día con tan poco, aunque con tantas ganas, echaste a andar. Estaba a un paso de alcanzar la segunda meta más importante que me había trazado a mi edad —porque la primera tenía que ver con mi emprendimiento personal, y esa sigue siendo una meta sin fin: crecemos, cambiamos y evolucionamos a diario hasta morir—; y eso, sin poder evitarlo, me dio miedo.

Cómo no iba a tener miedo. Siempre se le tiene miedo a lo que te pone entre las de ganar o perder. Así que me tocó volver a trabajar con el que te meten. Cuando lo superé, me propuse conseguir la casa a la que me debía mudar.

Para ese entonces, había perdido la cuenta de cuántas veces había cambiado de casa. Eso suele suceder cuando tu vida no está en orden. Así que esa también puede ser una señal para saber cuándo es necesario tomar acción sobre nuestras vidas.

En corto tiempo, luego de recibir las tierras en las que la meta que me ocupaba encontró su destino, mudé mis pertenencias al que ahora sería mi nuevo hogar.

Lo último que hice, antes de dejar la casa de Abu, fue recoger sus cosas para entregárselas a su familia. En la mesa, ubicada al lado del sillón en el que hacía su oración cada día al atardecer, estaba su biblia. El pica y se extiende de mi hijo la había cogido mientras estábamos recogiendo su habitación. Cuando lo vi con ella en las manos busqué la manera de quitársela porque sabía que podía terminar en mal estado. El forcejeo entre los dos terminó con una nota sin fecha, y dirigida a mí, que cayó de la biblia al suelo. Con un tono parecido al de alguien que ya se encontraba viviendo sus últimos días, decía:

Queridísima, Misma:

Te escribo mis peticiones para cuando haya partido no olvides que están aquí. Por favor, elévalas al cielo por mí.

«Que a Misma, otra de las hijas que me regaló la vida, sus días les sonrían como ella busca hacerlo cada día. Hazle ver que también fuimos llamados a amarnos como lo hacemos con el prójimo. Bien lo dice Mateo, 22:39. Hazla consciente de eso y que no lo olvide. También, te pido por sus hijos, Señor, que son la promesa del mañana que proviene de ti».

Amén

P. D. Antes de despedirme de ti a conciencia quisiera agradecerte por regalarme la oportunidad de vivir contigo un amor distinto. Por convertirme de nuevo en madre, gracias. Gracias por darme la hermosa bendición de ser abuela. Gracias también por estrecharle la mano amiga a una desconocida; aunque en un principio lo hicieras por no tener opción. No creas que no me di cuenta de mi imprudencia al invadir tu privacidad sin antes preguntar. Luego de haberme conocido coincidirás conmigo en que toda yo soy una imprudente que se deja a bien querer. Siempre estaré agradecida por tus cuidados que hicieron de esos días los mejores de mi vida. Acuérdate de vez en cuando de echarles el ojo a mis últimas conquistas; ellas me provocaron las últimas sonrisas.

Con amor maternal,

Abu

***

Después de haber asistido a los actos protocolares de mi graduación terminé la tarde sentada al aire libre, bajo la frondosidad del árbol que le daba vasta sombra al camposanto y sobre la grama que le servía de techo al cuerpo de Abu. Estaba vestida con mi toga e investida con honores para de esta manera honrar su vida y agradecerle por todo, por tanto: «GRACIAS, Abu, GRACIAS».

Mucho fue el tiempo que pasé recordando todos los momentos que en contados días nos regaló la vida. Ya no me quedaba más que dejar sentir las fuerzas del universo sobre mí, como lo hice con cada roce de consuelo que me trajo el viento. Inhalé tanta paz en ese lugar en el que equivocadamente dicen que descansan los muertos que al final me descubrí sonriendo con los ojos cerrados.

Mi momento, nuestro momento, dio por terminado cuando abrí los ojos y me puse de pie. A media vuelta me encontré de frente con las mujeres de mi vida. Todas estaban allí, en etapas tan distintas: mami; mi hermana y mi primera sobrina en su vientre, noticia que recibí ese día; mi hija y las amigas de Abu que con su partida se convirtieron en una extensión de ella en mi vida.

Como lo hubiera esperado estaban todas allí por una; y, te puedo asegurar, que esa una ahora iba a ir por todas. Les sonreí de manera tal que les dejé saber que algo me traía entre manos con ellas. No podía evitar ser una mujer «de estilo *pay it forward*», como le llamo yo. Es probable que por ser así sintiera en ese momento la necesidad de retribuirles la bendición que llegó a mi vida por medio de Abu.

Cuando visualicé las oportunidades que ahora les podía ofrecer a esas mujeres para alentarlas a ir tras sus propósitos de vida, de manera semejante a como lo estaba haciendo yo con otras mujeres y conmigo, me puse de pie y corrí hacia ellas para abrazarlas.

Con una felicidad que evidenciaba lo plena que me sentía como ser humano lancé el birrete al aire. Me sentí bendecida, autorrealizada y, más que cualquier otra cosa, AGRADECIDA CON LA VIDA por haberme hecho entender que revolucionar quienes somos es el mayor acto de valentía que podamos hacer por nosotras mismas y por las mujeres que nos rodean.

Del otro lado estaba Él, junto a papi y al nene, admirando la felicidad femenina en todo su esplendor. Cómo iba a dejarlo a un lado al final de este relato si aun en la distancia siempre estuvo presente. Y por qué Él, si insistes: porque él les abrió los brazos a todas las versiones de esta mujer.

¡Pero ojo! No te dejes engañar. No cuentas con todos los elementos de juicio en cuanto a esta relación se refiere. Así que más vale que te plantees sin vacilar la pregunta que se formula al final del microcuento que ahora te voy a compartir, ya que no siempre las cosas son como parecen ser:

DUDA *de sangre azul*

Se enfrentó a reyes, puso en juego su futuro al trono, arriesgó la vida mientras cabalgaba como un salvaje, combatió a malandrines experimentados, escaló una pared elevadísima sin entrenamiento previo y, cuando por fin llegó a la ventana del castillo, se cuestionó seriamente:

«¿Quién está rescatando a quién?».

Lo siento. Creo que desvié tu atención hablando de reyes y tronos, y este evidentemente no es un cuento de princesas como te has podido dar cuenta. Por lo tanto, no termina con un «felices por siempre». Tampoco termina con un «fin». Ni tan siquiera con una pareja jurándose amor eterno de la manera más «*trending*[10]» posible.

Que quede claro que en esta historia la protagonista soy YO, eres TÚ; así que termina con la suma de NOSOTRAS. ¿Y quiénes somos nosotras? Mujeres con los ovarios bien puestos en su sitio que a diario nos apoderamos y emprendemos por TODAS para juntas forjar una mejor experiencia de vida femenina.

Y con tal afirmación —que espero que haya sacudido tu interior de una manera muy especial— voy terminando lo que a fin de cuentas sea lo que esto te haya parecido.

Gracias por acompañarme a lo largo de este proceso de emprendimiento personal para juntas alcanzar el tan merecido crecimiento humano óptimo. Espero con esperanza que lo hayamos logrado porque en cuanto a mí se refiere hoy, después de haber cumplido mi cometido contigo y conmigo, puedo concluir con convicción que hasta aquí esta fui, soy y seré yo...

En origen, si recuerdas, el llamado «*milagro de la vida*»; que desde el vientre de su madre aprendió acerca de las personas y te puedo asegurar que no fue mucho el gusto que me dio hacerlo.

Al poco tiempo, una *infante*; que cargó con la estigmatización del género.

Más adelante, una *niña*; que aparentemente carecía de educación y modales.

Pasados unos cuantos años, una *adolescente*; que combatió como pudo los dolores de cabeza típicos de la rebeldía humana en su máxima expresión.

Tan pronto como darle la vuelta a la esquina, una *joven*; que se congració con la debilidad del género y que fue tremenda irresponsable por salir embarazada a temprana edad.

Unos años más tarde, una *adulta joven*; que lidió con asuntos de imagen y vestimenta, estilos de vida retorcidos para algunos, disyuntiva entre la carrera y los conflictos de roles, y serias limitaciones.

En menos nada, una *adulta* en todo su apogeo; que sobrevivió a un sinnúmero de situaciones —que no me creerías, por lo que no te las llegué a contar en esta ocasión— y que ahora está en pie de lucha y a la espera de la menopausia y sus jodidas consecuencias para rendirle con ella cuentas a la vida por su pasado en lugar de ser premiada por los prejuicios a los que, como tú, le ha tenido que hacer frente todos los días de su existencia.

En resumidas cuentas, y por aquello de no darle más largas al asunto, esta fui, soy y seré yo: un *embrión* que tomó forma de *niña* y se hizo MUJER; y este, querida amiga, es *el lazo que nos une*.

NOTAS

y aquí unas cuantas notas
para que *nos podamos entender*

...

[1] La expresión «meterlo en la gaveta» en este contexto se refiere a que ya sabía cómo manejar el miedo.
[2] La expresión «nunca había cruzado el charco» se utiliza para indicar que la persona en cuestión nunca ha viajado; en este caso, en avión.
[3] NY es la abreviatura de New York.
[4] La expresión «no era la última bebida del desierto» se utiliza en este caso para indicar que no era la única opción para escoger.
[5] La palabra «patá» es lo mismo que «patada».
[6] La expresión coloquial «babeada» se utiliza para referirse al gusto excesivo por alguien.
[7] La palabra «explotá» es lo mismo que «explotada».
[8] El término «Misma» se ha vuelto muy popular en países de habla hispana, se utiliza para referirse a la persona misma.
[9] La frase «mujer "de estilo *pay it forward*"» se refiere a la mujer que acostumbra a retribuir favores.
[10] El término en inglés «*trending*» en español significa «tendencia».

TRABAJEMOS JUNTAS
en el lazo que nos une

...

Gratitud

Ocho letras conforman una palabra de gran influencia, impacto y poder sobre nuestras vidas. En esta ocasión, me refiero a la palabra «*gratitud*»; la cual actúa como una fuerza invisible que para muchos va más allá del plano terrenal. Esta la vimos manifestada en todo su esplendor en la protagonista de esta historia al final del capítulo.

La mayoría de las definiciones acerca de este concepto coinciden en que este es una emoción, sentimiento o acto de reconocimiento por el beneficio material o no material que se ha recibido de parte de otra persona.

Históricamente, para los ámbitos de la filosofía y la religión, la gratitud ha sido un fenómeno de interés. Lo mismo lo ha sido para la ciencia. Estudios científicos han demostrado que la práctica de la gratitud le aporta al ser humano múltiples beneficios —similares a los abrazos y las risas—, por lo que no es difícil concluir que adoptarla como un hábito genera una infinidad de bendiciones.

En muchas sociedades, la gratitud es reconocida como un valor social; y se practica como tal. Esta supone para las relaciones humanas un acto desinteresado de dar y recibir. Por ende, como consecuencia, promueve por sí sola el bien común.

En su simpleza, la gratitud es uno de los elementos fundamentales para alcanzar el estado en el que una persona llega a su momento máximo de desarrollo humano conocido como *autorrealización*; el cual nos permite experimentar una agradable sensación de *plenitud*.

> ¡Qué esperas para darle cabida en tu *vida*!

➚EJERCICIO

Más vale llenar el «*jar*» de gratitud

➚OBJETIVO

Poner en práctica la gratitud y hacerla parte de tu diario vivir mediante el acto mismo del agradecimiento con el propósito de experimentar plenitud al alcanzar tu crecimiento humano óptimo desde el emprendimiento personal.

➚MATERIALES

1. Dos envases o frascos grandes de cristal.

2. Tarjetas pequeñas para notas.
3. Lápiz, bolígrafo o marcador.
4. Cámara e impresora.

📝 **NOTA:** En caso de no contar con los materiales sugeridos, considera que puedes adaptar el ejercicio de acuerdo con los recursos que tengas disponibles.

➚INSTRUCCIONES

Coge un frasco o envase de cristal grande con tapa, mejor conocido en inglés como *«jar»*. Deposita en él una nota doblada que contenga tu agradecimiento por lo que te haya sucedido en el día. Puedes depositar en el frasco o envase más de una nota con su respectivo agradecimiento. No olvides que, además de agradecer en la nota por lo que desees, puedes añadir la fecha de lo ocurrido e información que luego te animes a repasar solo por el placer de recordar.

ⓘ **IMPORTANTE:** Este acto debe ser consciente, deseado y bien intencionado.

Este ejercicio del *jar* lo vas a realizar todas las semanas. Al llegar el domingo siguiente, vas a sacar las notas y vas a repasar las bendiciones de esa semana con la intención de comenzar la que inicia motivada y con una actitud de total optimismo. Designa otro frasco o envase del mismo tipo para conservar estas bendiciones a fin de que las sigas acumulando a lo largo de un año.

Cuando completes este período repasa las tantas bendiciones que recibiste en este tiempo y celébralas junto con todo lo bueno que te llegó en tan solo 365 días, y todo como consecuencia del cambio afirmativo que se ha generado desde entonces en tus pensamientos, emociones y acciones por medio de este proceso de emprendimiento personal.

¡JAMÁS pierdas la costumbre de dar *gracias*!

ⓘ **IMPORTANTE:** Tómale una foto al ejercicio y pégala en el espacio provisto en la próxima página, así podrás documentar el trabajo que has realizado para alcanzar el crecimiento humano óptimo desde el emprendimiento personal.

MUJER: *El lazo que nos une* | GRATITUD

MI EJERCICIO EN UNA FOTO
pega aquí una foto *del ejercicio completado*

ENTRE MIS PENSAMIENTOS Y YO
anota aquí tus reflexiones *sobre el capítulo*

ENTRE MIS PENSAMIENTOS Y YO
anota aquí tus reflexiones *sobre el capítulo*

ENTRE MIS PENSAMIENTOS Y YO
anota aquí tus reflexiones *sobre el capítulo*

¿Cuándo fue la última vez que practicaste la *gratitud* a conciencia, logrando sentir regocijo en tu corazón?

↗Escribe el verso bíblico *Mateo, 22:39* en notas pequeñas. Colócalas en distintos lugares claves a los que vayas para que otras mujeres puedan dar con ellas. Acompáñalas del hashtag:
#ellazoquenosune

¡Las mujeres todavía necesitamos recordar que fuimos llamadas a **amar al prójimo como** *a nosotras mismas*!

. . .

MANIFIESTO *psicológico*
DRA. ZULMARIE RIVERA

Soy la suma de múltiples *factores*, pero el *control* sobre lo que me *define* lo tengo **YO**. La *descarga mesurada* de *emociones* purifica el *interior*. Quererme a mí MISMA es *signo* de *madurez emocional*. Las **MUJERES** somos *la puta resistencia*. **YO** *elijo vivir* con un *propósito* que le dé *sentido* a mi *vida*. ¿No sé algo?, me *ocupo* y lo *aprendo*. Si alguien es *capaz* de *crear* las *condiciones propicias* para *conseguir* lo que quiere, esa soy **YO**. ~~**NO** es superpoder~~, es *confianza* en mí MISMA. *Agradece*, lo demás vendrá como *consecuencia*.

↗¿Qué le dirías a otras mujeres para juntas forjar una mejor experiencia de vida femenina?

. . .

> Comparte tu respuesta, así como cualquier foto o video con el libro haciendo uso del hashtag:
>
> # #ellazoquenosune
>
> *Ayúdame a llegar a otras mujeres.*
>
> ¡HAZLO TRENDING!
>
> . . .
>
>
>
> De la misma manera, reseña el libro donde sea que puedas hacerlo. Con este gesto me harías *muy feliz.*

A DIOS, por inquietar a mi corazón.

A mi esposo, Rubén Ayala, por acompañarme a perseguir la mejor versión de la mujer a la que aspiro llegar a ser.

A mi hermana, Yashira Marie Rivera Carrasquillo, por inspirar la creación de este libro. Te reitero que un mejor futuro sí es posible.

A mi querida amiga, Ivelisse del Carmen Vega González, por hacer más cálido este proyecto con tus versos sublimes. ¡Eres única!

A quien para mí es luz y bondad, Francisca Moyet Félix, por ayudarme a editar esta obra con tu acertado criterio.

A las mujeres formidables que se animaron a participar de este proyecto contestando la siguiente pregunta, de acuerdo con su edad: *¿Qué les dirías a otras mujeres (niñas) para juntas forjar una mejor experiencia de vida femenina?* Ellas son: Jamirelys Nieves Morales, Sofía Nicole Matos Santos, Daiana Lorén Camacho Rivera (la niña de titi), Odalys Enid Rivera Vázquez, Krystel M. Ruiz Serrano, Widalys Meléndez Torres y María M. Berríos.

A las mujeres que me formaron, en especial, a quien para mí lo es todo en uno, a mi madre Zulma Ivette Carrasquillo Rivera; a las que han pasado por mi vida, dejándome alguna enseñanza; a las que de inmediato apoyaron este proyecto; y a ti que lo hiciste completamente tuyo.

¡Gracias!

CONOCE a la autora

...

Mujer muy apasionada del emprendimiento y potencial humano, así es como se define a sí misma la Dra. Zulmarie Rivera; quien, como profesora, empresaria y escritora, y con base en sus estudios graduados en la interesante disciplina de la psicología, contribuye de forma proactiva al crecimiento óptimo de individuos, grupos y entidades. En los últimos años, ha empleado con ingenio la escritura con propósito como parte de una de sus aspiraciones personales. Como autora y coautora, cuenta con varias publicaciones de ficción y no ficción. Además, en esta misma línea, es columnista, comentarista y editora. Sus días en Puerto Rico los disfruta de una manera sencilla junto a su esposo y a dos sobrinos que les han regalado una vida hermosamente caótica.

@drazulmarierivera | @dra.zulmarierivera

MUJER
el lazo que nos une

www.ingramcontent.com/pod-product-compliance
Lightning Source LLC
Chambersburg PA
CBHW070609160426
43194CB00009B/1236